50歳からは「孤独力」！

保坂 隆
聖路加国際病院精神腫瘍科医長

精神科医が明かす
追いこまれない生き方

さくら舎

はじめに――「孤独力」が問われている

いきなりだが、人には孤独と向きあう時間が必要である。そうでないと、自分独自の考え方や生き方ができないのだと思っている。

私ごとであるが、私は五十八歳で、勤めていた大学の教授をいったん辞《や》めた。そして、それまでの精神神経科医から精神腫瘍《しゅよう》科医に転身した。この経緯については、後に述べるが、このことで私の新しい人生がはじまったのだと思う。

自分のこれまでの道筋をふり返っても、新しい人生をはじめようとした自分を見ても、その底流にあって、自分をささえてくれているのが、「孤独力」とでも呼べるものではないかという気がしている。

そうした体験から、これからの人生を考えるとき、とくに生き方のカギになると思われる「孤独力」について考えてみたい。

私の考える「孤独力」は、孤立ではない。ポジティブな意味あいをもった言葉である。この言葉には新しい魅力がある。そこには、孤独をいかにして受け入れて、力に変えることができるか、という自分自身への挑戦が含まれている。

あらためて、孤独と孤立は違う。それは、誰もがなんとなく感じていることだろう。孤独はポジティブだが、孤立はネガティブである。

男性がひとりになると病気になりやすくなるが、その理由のひとつがここにあると思う。男性は、伴侶《はんりょ》を失い孤立すると、うつ病などメンタルな病気になりやすいだけでなく、面倒を見てくれる人がいなくなれば、不節制になり健康に気をつかわなくなり、結果的には身体的な病気になりやすくなる。

人は、ソーシャルサポートがないと心や身体の病気になりやすい。これは男性も女性も同じである。ただ、女性は自分で自分の面倒を見ることに慣れていて、しかも同性のソーシャルサポートを即座につくりあげることができる。

男性は、自分自身の管理も苦手だし、ソーシャルサポートのつくり方も不得手だから、ひとりになるとどうしても身体と心に支障をきたしやすくなる、というわけだ。もしここに「孤独力」がはたらけば話は変わってくる、と私は思う。男性は、孤独を力に変えることを知らなければならないのだ。

孤独力があるということは、孤独が好きということではない。「孤独力が強い」イコール「孤独好き」イコール「変人」というようなことではまったくない。ある意味では、人としてバランスがとれた人間のことなのである。

ひとりでいることも大事、ふたりでいることも大事、家族といることも大事。これら全部のよさを知っているから、ひとりでいることも選べるし、ふたりでいることも選べるし、家族といることも選べる。だから「孤独力」があるとは、非常に「まともな人間」だということになる。

私はいったん大学の仕事を辞めたときに、半年くらいよくゴルフ場で過ごした。平日ゴルフは、サラリーマンのあこがれだったからだ。

朝、ゴルフ場に行って、ひとりでコースをまわる。田舎のほうに行けば、ひとりでまわれるところがある。夜は静かに勉強をした。孤独力についてしみじみ考え、孤独力を高めるには、もってこいだった。

このように「ひとりゴルフ」も一案だが、どうすれば「孤独力」を育てていくことができるのだろうか。それを本書で探っていきたい。とくに、空海《くうかい》に出会ったことが、本書を書くきっかけになった。本書の中でも、空海の例をたくさん出したのはそのためだ。

本書を通じて、読者の方々が孤独力を磨《みが》き、ひとりの人間として人生を素晴らしいものにしていくことを願ってやまない。

保《ほ》坂《さか》 隆《たかし》

◆目次

第二章　孤独に慣れる、孤独を生かす

第三章　孤独《ひとり》ゆえのとびきり上等な時間の過ごし方

第五章　空海の生き方、死に方に学ぶ

50歳からは「孤独力」！

――精神科医が明かす追いこまれない生き方

第一章　孤独は人生の自然な成りゆき

すべては孤独からはじまる

言葉にしようもないほど不可思議で素晴らしいものがあります。それは自分の心のなかの無限の力です。
――空海（宗教家）

なぜまっすぐに心を打たれるのか

「孤独力」という言葉は辞書には出ていない。ふだんの生活で使われることもない。それにもかかわらず、まっすぐに男の心を打つ力があるらしい。友人、知人、たまたま出会った男たちに「孤独力という言葉をどう思うか」と尋《たず》ねてみると、強い反応が返ってくるのである。

ある男はこういった。

「釈迦《しゃか》の言葉を思いだす。犀《さい》の角《つの》のようにただひとり歩め」

これは釈迦の言葉を集めた初期の経典「スッタニパータ」に出てくる言葉である。誰にも頼らない、捨て身である、前人未到をめざす、そんなイメージを感じると彼はいった。

ある男はこういった。

「身をさらしているスポーツとか、芸術、芸能の一流の人間のひきつけるものは、この孤独力からきているのではないか」

勝ちがあり負けがある。成功があり失敗がある。そこから逃れることはできない。しかし、すべてを衆目の前にさらして堂々としている。自分を信じる。いいわけなし。裸にしたおのれと引き換えに何ものかを手にする。それは莫大《ばくだい》な富であったり、惜《お》しみない拍手であったりする。敗北ですら人の心を打ち、失敗のなかに天才の刻印を認めさせるのである。

われわれの生活では、なかなかありえないあり方である。会社をはじめとして、われわれの社会生活では、小さなサークルのなかで、秩序を重んじ、和を壊さないように配慮し、妥協し、ほんとうのことすらいわない。

彼はこんなこともいっていた。

「娘がふたりいるのだが、育ててきた過程で感動したシーンがあった。小学校のときだった。ひとりはサッカーを男の子に交じってやっていた。もうひとりはバレエを習っていた。上の娘がはじめて試合にデビューする日がきた。お母さんたちに交じって、遠くの観客席から見ていると、両チームがセンターラインをはさんで並んだ。ただひとりの女の子。みんな小さく見えた。ホイッスルが鳴っていっせいに動きだした。ああ、この子はいま、ひとりでやっているのだ。人生ではじめて、誰の手も借りずに、誰も頼らずに。

バレエをやっている娘の発表会は何度も見てきたが、はじめてトウシューズをはいてステージで踊りだしたときも、同じ感動があった。ただの親バカかもしれないが、子どもにも孤独力はあるのだと思う」

感動と称賛の裏に

「孤独力のある人をあげるとどんな人が思い浮かぶだろうか」と尋ねると、それぞれ自分の関心の強い分野ですぐに名前が出てくるのである。

本田宗一郎《ほんだそういちろう》をあげた男がいる。夢を実現した叩きあげに爽《さわ》やかさを感じている彼は、何もないところからの事業の成功にロマンを感じている男である。

イチローをあげた男がいる。まだ無名の若者だったころ、イチローは二軍に落とされようと自分のスイングフォームを変えなかった。ストイックな一匹狼《おおかみ》。自分より強いものを求めて武者修行をする侍《さむらい》のイメージがあるという。

吉本隆明《よしもとたかあき》をあげた男がいる。学者の論文は引用ばかりで、自分というものが感じられない。思想家といわれる人間は自分の言葉をもっている。自分の言葉で岩を鑿《のみ》で穿《うが》つように考える。敵をつくることを恐れない。そこに孤独力を感じるという。

「だいぶ古いけど、おしん」といって笑った男がいる。名もなき庶民の孤独力。彼にいわせると、グリム童話のようなお伽噺《とぎばなし》の主人公たちも、ハードボイルドの孤独な私立探偵も、恋愛小説のヒーロー、ヒロインたちも、孤独力だけを頼りに苦悩し奮闘しているという。

松尾芭蕉《まつおばしょう》。そういった男がいた。古典として残っているもの、現在も生きている作品の作者はみな孤独力の人だという。夏目漱石《なつめそうせき》、宮沢賢治《みやざわけんじ》、太宰治《だざいおさむ》。作者はとっくにいなくなっているのに、現在の作品として読者を獲得している。

ド・ゴールをあげた男がいた。彼はフランス旅行から帰ったばかりだった。ある町の記念館で、ナチスドイツに占領されたフランスから撤退し、イギリスからラジオ放送で不屈の闘いを継続する強固な意志をフランス国民に訴えた、その録音を聞いてきたのである。彼は、その小さなかすれた音声に打たれたといった。もっとも孤独なときの将軍の声。

この世のあらゆる賞とか栄光というものは、孤独力をたたえるものなのかもしれない。指導者、冒険家、創業者、ゴールドメダリスト、革命家、芸術家。孤独力は感動と称賛をわきあがらせる。

生命力のまんなかにあるもの

「しかし、これは不思議ではないかな。いったい孤独力の正体って何なんだろう」

芭蕉を孤独力の人にあげた男は、自問した。

「孤独力って、頭だけではない。身体だけではない。心だけでもない。その人の人生の底をさらうように、全体とかかわっている感じがする。芭蕉にとっての孤独力は、途上で倒れて野ざらし（行き倒れのしゃれこうべ）になるのを覚悟するような、てくてく歩く苦難の旅のなかで発揮された。

人間は、追いつめられたときに強くなるものだ。失うものが何もないときに発揮される力があって、守りから一転してひらきなおって大胆になることがある。昔から、身を捨ててこそ浮かぶ瀬もあれ、なんてことをいっていたし」

考え考えこんなことをいっていた彼は、大胆な仮説を口にした。

「あらゆる生物は、生存の危機のなかで進化してきた。環境に適応しているときは進化しない。生命体にとって毒物であった酸素濃度が増えるとか、温度が急激に上がるとか、地球が全球凍結するとか、それまでのあり方が通用しなくなったとき、周囲との関係を切るんじゃないかな。

われわれでいえば、まわりの人々や集団、物とかかわることで人生を豊かにしているけれど、いったん、それから離れる。どうかひとりにしておいてくれ、切実にそういいたいときがある。孤独になることで自分のあり方を変え、新たなまわりとの関係を築きなおそうとする。

どういう理由か知らないが、水中では生きにくくなって、おのれを変えて生きられるはずもない陸上に上がった、われわれの遠い祖先がやったことと、ひょっとして同じゃないだろうか。そういうことが数えきれないほどあって、現在のわれわれがここにいる。その節目節目に発揮された不思議な力がある。孤独力って、生命力のまんなかにあるものかもしれない」

私は、彼らの反応の強さに驚きもしたが、おおむね共感するのである。

アイデンティティを確かめたい年代

私は六十歳になる。今、がん患者や家族のための心のケアについての三つのモデルを同時進行させているが、四十代後半には、五十八からこんなふうな生き方が開けてくるとは夢にも思わなかった。三つのモデルとは、がん患者や家族の心のケアを十分にするための「病院モデル」「地域モデル」「患者会モデル」のことである。

大学教授という職を終わらせることで開けた生き方である。それまでの生活をやめると、新しいものが生まれてくるのである。病院モデルは聖路加《せいろか》国際病院で、地域モデルは沖縄で展開している。患者会モデルでは、患者同士が助けあうケアサポートを教えている。未知の領域を歩いている刺激と興奮のある毎日がやってきたのだ。

五十代はおもしろい年代である。どなたも経験したか、これから経験することになると思うが、五十歳を迎えるとやたらとクラス会がある。数年のうちに小学校から中学、高校、大学と、たくさんのクラス会、同窓会が目白押しになる。私はできるかぎり参加した。

これはどういうことか。五十代は、それまでふり返ることもなかった自分の過去の点と点を結んで、自分の生きてきた軌跡をたどり、やがて迎える六十代からの新しい人生の準備をしているのである。誰もがアイデンティティを確かめておきたくなる、そういう年代なのである。

足りないものは何か、やれなかったことは何か。これから自分は何をやり、どこに行こうか。新しいところに行くときに発動する「孤独力」が蠢《うごめ》いているのである。

壮年期を十分に生きた男たちの素晴らしいところは、過去を豊かにもっていることだ。その豊かな過去を確かめ、肯定していくことで、未知の分野に踏みこむ力がわいてくるのである。

これまでやれてきたのだから、どんな世界に入っていこうと、これからもやれるはずだ。こうして孤独力が充実していく。

若いとき孤独力は影をひそめている

五十歳になって、二十歳のときと同じように世界を見る男は、自分の人生の三十年間を無駄にしているのだ。

——モハメッド・アリ（プロボクサー）

進むべき道を探しあてるとき

「はい、そうですね」
「はい、わかりました」

こういう言葉をひんぱんに使う年代がある。社会に出て新人として配属されたときである。仕事のやり方を教わる。間違いを正されて素直に従う。いわば働く人生の幼年期である。

この時期の仕事のイメージはどういうものかといえば、日々こなさなくてはならないものとして「すでにあるもの」であろう。それが仕事のように思える。前提を疑わず、それらをいかにそつなくこなすか、あるいは期待以上の結果をどうやって出すか、それが仕事の目標と感じられる。

ところが上に行けば行くほど、仕事とはつくるものであり、千変万化する現実を読みとり、一寸先は闇《やみ》の世界を手さぐりで進むイメージになる。想像力と分析力と人のつながりのネットワークと長年つちかってきたカン。仕事とは「いまだないもの」なのである。孤独力はこのエリアにある。

トップ以下さまざまなレベルの孤独力による決断があり、すべてがうまく機能して収益をあげられるシステムを構築する。その指示命令系統の最末端にいるのが新人である。山の上から下を見下ろせばすべてが見えるけれど、下からは上がどうなっているかはわからない。

若いうちは指示された仕事がすべてであり、課題をクリアして誉《ほ》めてもらえれば、仕事は完了する。しくじりがあればすかさず上司がフォローして、ダメージを最小に、そして禍転《わざわい》じて福となすような策をこうじる。まわりと足並みをそろえ、早く戦力になることが求められる二十代は、孤独力は影をひそめているように見える。

このフレッシュな年代は、社会人としての自分を確立するときでもあるが、じつはメインは結婚相手を探して家庭を築くことにある。若い男の目は社内の女性たちに注がれていて、孤独力はおもにこの分野で発揮されている。二十代のありあまる活力は、多方面にわたり目を配ることに十分に堪《た》えられるのである。

配属された部署で同僚、先輩のふるまいを観察していると、さまざまなことがわかるだろう。どうやら仕事というものは、悪口をいいながらするものらしい。そうでありながら、不平不満を漏《も》らした当の相手の前では従順にふるまう。

権威や権力をあたえられた者の前では、人はにこやかに相手に合わせるものなのである。社会関係の最小単位がふたりだとしたら、すでにそこでこの「合わせているだけ」という関係の秘密がひそんでいるのである。

このことは一見つまらない話に思えるが、じつは重大である。これからもとうとしている夫婦関係がまさにふたりの関係だから、このことにうかつであるか敏感であるかは、将来大きな意味をもってくるのである。

またこういうこともある。入社してその社内の空気を吸ったとき、どうにもならない違和感を感じる。この職種が自分に合っているのか疑わしくなる。社会人としての人生は長いわけだから、場合によってはリセットすることが必要になるだろう。

このケースでは孤独力を頼りに進むことになる。じつは、自分の進むべき道を一発で探しあてるのは生《なま》やさしいことではない。

モラトリアムという生き方

私が精神科医になったのは、必ずしも好きでなったのではない。そもそも一回も授業に出たことがなかった精神神経科に入局したことからして変なのである。医者になろうと思ったのは高校生のときだった。

医学部と数学科で迷ったが、医学の選択肢は幅広くまた数も多いが、数学科はより狭い選択肢がその先にあると思えた。それだけのことで、やりたいことがはっきり決まっていたからではなかった。医学部ならば、統計学をはじめとして数学的な考えは利用できるし、将来への選択肢は多い。人間を診《み》るのがいやなら基礎医学に行ってもいい。そんなモラトリアム精神で、絞《しぼ》りきれないまま勉強していた。

最終的には、心と身体が診られるような医者になりたいと思った。まずは心を勉強することからはじめよう。そう決めたのが二十四歳。精神分析の小此木《おこのぎ》啓吾《けいご》先生の門をたたいた。

先生は私の話を聞いたあとで、「人生決めるの遅いんだな」といった。知らない間に『モラトリアム人間の時代』という本を書いて、ある日私にプレゼントしてくれた。「君のことを書いたよ」とはいわれなかったけれど、読むとまさに私のことが書かれているように感じた。

ある科を決めてしまうと、そのままずっと行くのが普通だった。同級生が八人いて、みんな精神科を続けたが、私だけ「やめよう」と思った。いまでは、医学部を卒業するといろいろな科の勉強や研修ができる「スーパーローテーション」という制度があり、むしろ義務づけられているが、三十年前に、そういうことをやらせてくれる大学病院に私は移った。

二年かけて、産婦人科をやったり麻酔科をやったり、神経内科をやったり循環器内科をやったりしながら、やっぱりどれにも決められない。いずれも取捨選択できない。となると、これらすべてと関係のあるポジションが自分の居場所ではないかと思えてきた。

それがあった。リエゾン精神医学という分野で、UCLAに学びに行った。たまたまついたファウジー教授は、がん患者にグループ療法すると生存期間が延びるという研究発表をしたばかりだった。これはサイコオンコロジー（精神腫瘍学《しゅようがく》）という新しい領域で、教授は日本に帰ってこれをやるように私にすすめた。

もっと勉強してからにしたいと思った。教授は、ニューヨークのメモリアル・スローン・ケタリングがんセンターに推薦してくれ、私は勇んでアメリカ内での単身赴任についた。ここで学んだものをもちかえって新しい医療分野を展開したのである。ところが、大学内のステイタスはあがっていくのだけれど、何かが違うのである。結局、「私はティーチャー（教師）ではないんだ」ということに気づいた。私は五十八歳で大学を辞《や》めた。

新しい人生はこんなふうにしてはじまるのだと思う。私の新しい人生が、いまはじまっているのだと思う。自分の道筋をふり返っても、いま新しい人生をはじめようとしている自分を見ても、そこに「孤独力」というものがはたらいていると感じる。

早咲きもあり遅咲きもある

他の八人の学友たちをみると、私は九分の一のいわば例外的なモラトリアム人間だったが、他の九分の八はうまく適応した人たちである。これが大多数を占《し》めるごく普通の生き方であろう。どちらがいいのかはわからない。それぞれの人生である。

長い人生を生きてくると、人は必ずどこかで花を咲かせるものだと思える。時期はそれぞれなのである。早く花咲かせるものもいれば、遅咲きもある。会社という集団を見ても、平の立場で自由奔放にふるまうときに潑剌《はつらつ》とした姿を見せる個性もあれば、それまではこれといった切れ味はなかったのに、管理職となってから見事に責務を果たす個性もある。

管理職は上級になるほど責任が重くなり、決断という孤独のふるまいが職務となる。それではこのタイプの人たちだけが孤独力に抜きんでているのかというと、必ずしもそうとはいえない。

良寛《りょうかん》は江戸時代後期の人で、僧侶であるにもかかわらず、子どもらとなごやかに遊ぶ姿で知られ、それゆえに現代においても多くの人たちに愛されている。幼名は栄蔵といい、越後の出雲崎《いずもざき》という佐渡に面した海際の町の名家に生まれた。代々町名主であり、神職も兼ねていた。幼いときから私塾に通い、秀才であった。遊びにも達者で潑剌とした若者であった。

見習いの名主となった十代に、漁民と代官との間に紛争が起こり、良寛はそれを調停しなくてはならなかった。

フレッシュマンが最初の仕事に直面したという事態であるが、彼はまったく無能力であった。向いていなかったのである。挫折。名主の昼行灯《ひるあんどん》というあだなをつけられた。こういった場面で発揮される孤独力があるが、そのもちあわせがなかったのである。歳がいって管理職になった途端に萎縮《いしゅく》して挫折する若者がいるが、そのタイプである。

良寛の孤独力はここから後に発揮される。彼は家出をする。寺に逃げ、出家する。修行期間があり、その後、諸国を放浪する。やがて三十を過ぎ、四十になろうとするあるとき出雲崎に戻って、わが家の前を素通りすると海岸の塩焼き小屋に入り、そこで乞食僧の生活をはじめる。

栄蔵が戻ってきたと知った知人に、山腹の庵《いおり》を斡旋《あっせん》されて入る。和歌、漢詩を楽しみ、故郷の人たちと親和し、子どもたちと遊び、僧侶としての修行に励む人生は、ここから花開くのである。

孤独力というものはすべての男たちにあり、必ずどこかでそれは発揮される。そのときに人生が輝かしいものとなる。人にそれが知られようと知られまいと、納得できるものとして自分でそれがわかるのである。

自分で決断するということは孤独の世界に入ったこと

自分のことを人にさせてばかりいると、いつかしてやられるぞ。

――ロバート・アンソニー（ビジネス・コンサルタント）

プチ断食を決断

会社で昇格していくと、決断という孤独の世界に入ることはおそらくどなたも理解しているることだろう。ここではもっともっと小さな、しかし生活をささえている決断の話をすることにしたい。決断とは、自分独自の考えで自分を律することである。

私は二〇一二年四月から高野山《こうやさん》大学の大学院で密教学の勉強をはじめた。通信教育の学生として二年間にレポートを二十八本提出し、そのあとに論文を書く。

私は自分の孤独力がはたらきだしているのを感じている。この勉強はとても楽しい。それに孤独力が強くなると自分の身にいろいろな変化が起こる。私は目がよくなってきた。いつも五つくらいのことを考えている。体重が二ヵ月でマイナス五キロ。プチ断食をはじめたためである。

もともと朝食はあまり食べないほうだったが、いまは野菜ジュースをきちんと飲む。昼は「なんとか定食」ですませることが多かったのだが、それをやめた。そのかわりに温泉卵と蕎麦《そば》を頼む。蕎麦には山葵《わさび》と芥子《からし》と胡麻《ごま》を三方に分けてのせて、三種類の味覚を楽しみ、そのあとに温泉卵をからめて四種類目の味の蕎麦を食べる。人は粗食というのだろうが、とてもおいしい。

夜は穀類をやめた。でんぷん、糖質をとらないで野菜を食べる。生野菜にドレッシングをかけたり、温野菜にもする。腹がへっていたら魚を食べる。小魚を六尾。私の考えでは、生物はまるごと全部を食べるのがよい。でっかいマグロは食べきれないし、牛もまるごと一頭を食べることはできない。小魚、たとえばシシャモならちょうどよい。

それでもまだ腹がへっていたら豆腐を食べる。段階的に食べるものを決めていると、どこかで今日はここまででいいやとなる。

ビールはやめていない。三五〇ミリリットル缶だったら二、三本。こうした食生活をしていると、酒を飲んでも太らないということがよくわかる。ビールはおいしい。アルコール度が低いし、量を飲めるし、私はいちばんいいアルコール飲料だと思っているのである。

これが私のプチ断食の実態である。どこも無理をしていない。孤独力を高めるには、年齢に関係なく、自分が新たに打ちこめるものを見つけるのがよい。私はそれをいま実感している。

スタイルのある生き方

自分を律する小さな決断の連続が生活である。打ちこめるものをもっている人の小さな習慣は、見ているとなかなかおもしろいものがある。おつきあいのある編集者から聞いた話である。彼は立川談志《たてかわだんし》と親しかった。談志にはほほ笑ましい食習慣があった。

談志はうなぎが好きだったらしい。行きつけのうなぎ屋にいくと、注文するまでもなくいつものものが出てくる。うなぎのかば焼きが二段になって詰められている重箱である。彼はそれを前にしてごきげんになる。そして箸《はし》をとる。隅《すみ》から小さく四角に切りとって食べるのである。まっすぐ箸を入れ、立方体になるようにきちょうめんに切りとる。壁が崩《くず》れないように慎重に。それをうまそうに食べるのである。

なぜそうするのかは、まもなくわかった。たいして食べないうちに箸を置く。するとその習慣を飲みこんでいる店の親父が来て、下げてしまう。残りはおみやにするのである。うちでもひとりで、うまそうに小さく切りとっては食べるのだろう。

卵サンドも好物であった。各種のサンドイッチが皿に出ているとして、残っているサンドイッチのうち、卵サンドには手を出してはならない。それは談志のものなのである。彼はわざと残しているのだから。翌日、それを軽く焼いて食べる。「うまいんだよ、一日経ったのを焼いて食うと」という話を聞いたそうだ。

これがつつましいのか、ケチくさいのかはわからない。まあ、人それぞれの判断があるだろう。談志は小さなどこにでもある粗末な座卓しかもっていなかった。そこでものを食べ、書きものをする。客が来ればその前に招くのである。

高座では座布団一枚、自宅では小さな座卓一個。これが彼のスタイルであった。スタイルというものは、どこでできるものなのだろうか。

檀流ひとり暮らしは物語る

誰でも経験することのできる孤独は、ひとり暮らしである。ひとり暮らしを豊かにするのは孤独力である。また崩れやすく、乱れやすいのもひとり暮らしである。ひとり暮らしは決断の連続でいとなまれる。

ひとり暮らしをする人は、ひとりである。じつはこれは間違っている。ひとりではないのである。王様と召使い。このふたりがいるのがひとり暮らしである。あるときは、王様は命令する。「やれ」と。またあるときは「やらんでもいいよ」と許す。召使いは「やれ」といわれたことをし、「やらんでいいよ」といわれたら思いきり休む。

この考え方をエッセイに書いたのが檀一雄《だんかずお》だった。ある人は『檀流クッキング』という料理書で知っているだろうし、ある人は、最後は死の床で口述して完成させた大作小説『火宅《かたく》の人』で知っているだろう。

天然の旅情の人である檀一雄は、南氷洋をはじめとしてありとあらゆるところを放浪した。ある時期スペインに滞在して暮らしていた。そこで身体をこわした。風邪をひいたかなにかで、熱が出てだるくて起きる気もしない。そのとき、王様は命令した。「食卓いっぱいにたくさんの食事をつくれ」。召使いはがんばって食べきれないほどの食事を用意した。ワインを並べた。

体調不全は治《なお》ってしまった。じつはこれは小さいときからの習慣だったのである。父親は教師をしていた。母親は医学生を追って出奔《しゅっぽん》した。小学生のときから、檀一雄は自分の食事を自分でつくっていたのである。小さな王様と小さな召使い。ひとり暮らしをしたことのある男にはわかるだろう。ひとり暮らしには、たしかにこういう消息がある。

なにもかも人にやってもらっていると、これはわからない。母親がすべてを用意し、結婚したら妻がなにもかも用意してくれる。自分のなかに王様と召使いが育つチャンスを失ったのである。決断とは、孤独力の発揮でもあるが、さらによく見ると、王様と召使いの対話のことなのである。

この檀一雄の話は、直接会って話した人から聞いた。作家は肺の腫瘍をわずらい、博多湾に浮かぶ能古島《のこのしま》の別邸で静養していた。インタビューを申しこむと、電話では話さないが、来てくれるなら話すといったそうだ。

着いた日にすぐインタビューに答えた。そして「泊まっていきなさい」といった。雨模様だったので自分のレインコートを取りだし、これを着て島を散歩してきなさいといった。散歩しながら、いまごろ作家は、まさに完成が近づいている大作に取りくんでいるのだろうと思った。

執筆をじゃましないように、夕刻まで外で過ごして戻ると、風呂には縁《ふち》までなみなみと湯が満たされ、一番風呂をすすめられた。翌朝目覚めると、大きな座卓いっぱいに数えきれないほどの料理が並んでいた。静養中の作家は王様で、奥さんが召使いだった。

辞去する前に写真を撮りたいと伝えると、奥さんに「いっしょに来なさい」と声をかけ外に出た。自分からどんどん歩きだし、あるところで足をとめた。

「ここがいい。分かれ道になっているから」……そういって、山道の分岐《ぶんき》しているところにふたり並んで立ったそうである。

生活習慣病は人生のつけ

苦しまねばならないのか。それなら毅然として苦しもうじゃないか。

——ビクトール・ユーゴー（作家）

孤立を回避するために

前にも述べたが、孤独と孤立は違う。孤独はポジティブだが、孤立はネガティブである。女性たちのように、同性と親和するというソーシャルサポートをもたない男性は、孤独が孤立にかたむきやすい。

孤立すると抑鬱的《よくうつてき》になる。うつ病などのメンタルな病気になりやすい。そこで、自分を元気づけるために、男性のひとり者は酒を飲む。食事も店屋ものを食べたり、飲み屋ですませてしまう。男性がひとりになると、病気になりやすい理由のひとつがここにあると思う。

くり返すが、男性は伴侶を失い孤立すると、うつ病などメンタルな病気になりやすく、面倒を見てくれる人がいなくなれば、不節制になって身体的な病気になりやすくなるのである。

自分の生活を管理する人がいなくなると身体を壊しやすい。ソーシャルサポートがないと心の病気になりやすい。これは男性も女性も同様だが、女性は自分で自分の面倒を見るのがあたりまえであり、同性のソーシャルサポートをしっかりと受ける。男性はその両方をもたない者が多いから、ひとりになるとどうしても身体と心を損《そこ》ねやすくなる。

しかし「孤独力」がはたらけば話は変わってくる。男性は孤独に強くなる必要がある。そういう存在なのだ。闘う雄《おす》である男性は群れをなすことができない。子どもを生み育む雌《めす》である女性のような、ソーシャルサポートがない。男性は「孤独」を「力」に変えることを知らなければならない。

検査数値ばかり気にしだすと

働き盛りで無理がきくうちはあまり健康を意識しないまま、同僚と競《せ》り合い、いっしょに飲み、意気高揚してその日を終えることができる。ところが、ふと怪しい雲がわいていることを覚えるときが来る。自分の肉体の危機。ぞっとする。

この「ぞっとする」という感触は、孤独の感触なのである。みんな元気でいるのに、この自分だけが。一生それを感じないで過ごせる人はいない。現在の健康状態が永遠に続いていくわけではないからである。

何かが変わるぞ。その変化はどうも芳《かんば》しくないものらしい。それを感じるのである。ここからの人生態度は、いくつかに分かれる。

変化を拒絶して、これまでの右上がりの人生がどこまでも続くべきだと思う。若さが正義であり、老いに向かうことは受け入れられない。アンチエイジングは、この立場にある。これはいまの時代の流行思想である。

もうひとつの人生態度。変化は受け入れるが、その変化に固着してしまう。検診の数値が気になってしかたないのである。ある若いママたちは、子どもが熱を出すとおびえてしまう。肌に触れる子どもが熱っぽい。すぐ熱を計る。体温計の数値が平常と違う。ところが、子どもは元気にしている。顔色もいい。顔色と数値とどちらを信じるか。

子どもたちが、平熱でいるために生きているのではないのと同じように、われわれは検査の数値を正常の範囲に維持するために生きているわけではない。喜びのために生きているのである。数値に固着しだすと、このいちばんの人生の根幹が脱落してしまう。

自分が衰《おとろ》えだしていると感じるのは恐怖である。それは誰にとってもそうであるに違いない。同じ不安、同じ悩みを感じている仲間がほしい。仲間がいればとりあえず安心である。話題が、年齢のことばかりになり、病気のことばかりになり、検査数値のことばかりになる。しかも盛りあがるのである。

このときの人生態度の背景にあるのが、孤独力である。生活習慣病というものは、これまでの人生のつけである。つけをためながら、楽しいこと、おいしいこと、素晴らしいことを経験してきたのである。行きつけの飲み屋だったら、たまったつけの額を見せられて、払うのはいやだという人はいない。

「そんなにたまってたのか。今日はとりあえずこれだけ払うから、あとはちょっと待って。ぼちぼち払うから」……そうやってまた、お気に入りの飲み屋に通うだろう。生活習慣病とつきあうのも同じではないか。責任は負う。これが俺の人生なのだから、楽しみを切り捨てたりはしないぞ。

思いがけないつけの額を見て、別の決断をする人もいるだろう。これまでと異なる楽しみを新たに発見してみよう。そのプロセスのなかで、過去のつけを払っていこう。こう考える人は、群れを必要としない。楽しみの発見への旅とは、孤独力の発揮のことである。

重大な病気に対して、こんなたとえをもちだすなんて不謹慎《ふきんしん》だ。そう怒る人もいるかもしれない。しかしこれが基本である。専門の医師と相談することと、この基本はどこにも矛盾《むじゅん》はない。

自分なりの健康法

自分なりの健康法を考えだすのは、こんなことがきっかけになるようである。早朝の散歩をしてみると、たくさんの人々がすでに起きだして、思い思いのスポーティなファッションに身を包んだりして活動しているのがわかる。

前を走っていた人が、突然後ろ向きになって走りだしたりする。その人の考えだした工夫なのであろう。遊歩道の柵に片足をもちあげて、力強くストレッチをする人がいる。小さな段差を利用して、バラエティに富んだ動きをくり返している人もいる。

そんなことをしながら、みんな何を考えているのだろうか。みんな孤独な自分との対話をしているに違いない。それを想像するとじつに頼もしく感じる。おたがい、人生がんばろうぜ、そう思う。

ある習慣が持続すると、精神状態が安定する。私が食習慣を変えたのもそれである。

私は自分のしているプチ断食が気に入っている。どれが科学的で正しいかという話ではない。「吾が仏尊し」の世界である。なかにはちょっと変わったことをする人もいる。

ある知人は、四股《しこ》を踏みはじめた。彼は別に相撲《すもう》をやってきた人ではない。学生時代にはテニス、会社に勤めてからは休日のゴルフの経験があるだけだそうだ。きっかけを尋ねるとこういうことだった。

伝説となっている合気道の達人がいた。その実録小説をたまたま読んだことがあった。その達人が身体の維持のためにしているのは、毎日の腕立て伏せ、四股とあった。階段の上り下りの際、片足の膝《ひざ》に違和感を覚えるようになったとき、それを思いだしたのである。

やってみると、四股にはいろいろな要素が詰まっているように思われた。片足の裏だけで傾いた全身をささえる。ゆっくりとやるのだが、うまく安定しない。それから静かに足をおろし腰を落とす。そのまま深く股《また》を割っていく。呼吸はどうすればいいのだろうという疑問がわく。どこで吸い、どこで吐くのがいいか。

硬くなっている自分の身体の変化を感じる。地球と自分の関係を意識する。重力、重心。床、すなわち大地を踏みしめるとき、何かを押しつぶして消していく感じがする。それは自分の心のなかの何かのような気がしてくる。ふだんの自分の行動をふり返る。何が望ましく、何が好ましくないのか。

おもしろいな、修行だな。そんな感じがしてくる。四股のいいところは、何も道具がいらず、広い場所もいらない。思いついたときどこでもできる。弱点は、人に見られるとちょっと奇妙に思われるだろうことだけだ。

どうということもない小さな習慣が核となって、生活全体が活性化していくのである。たいへんにいいところに気がついたようでうれしくなる。回数を増やしていくのが励みになる。片足をもちあげたときに安定するようになる。やったらやっただけの効果があるのだ。

ところがしばらく続けると忘れるのである。数日の空白。そして気がつく。しかし彼は気にしないそうだ。三日坊主をつみかさねていけば、まあ結局ずっとやっているのと同じじゃないか。

この楽天的な考えを聞いて、私はなるほどと思った。これもまた長く続けるコツかもしれない。

良寛の晩年が教えてくれること

彼は、そうして四股を踏みながら、三日坊主スタイルにもどこかで終わりが来ることを覚悟しているそうだ。そのときどうするか。とっておきの答えはないが、そんなとき良寛の晩年の和歌が浮かんでくる。

「なさけない若者だった良寛が、最晩年に到達した心境が詠《よ》まれている。なんといったらいいのか、孤独力の究極のものがある感じがする。

　この夜らの　いつか明けなむ　この夜らの　明けはなれなば　をみな来て　尿《はり》を洗はむ

　こいまろび　明かしかねけり　ながきこの夜を

死に至る病苦のなかにいる。肌着は小便に濡れて身動きはままならない。明かりの油も切れてひとり闇のなかにいるのかもしれない。夜は永遠に続く気配があり病苦もまた去ることはないかに思える。でもきのうの夜が明けたようにこの夜も明けるときが来る。身を清めてくれる女が来る。それを恋いまろび明かしかねている。それが自分である。

そういう苦にまみれている姿を良寛はうたっている。何度もくり返し読んでいると、ちらちらっと既視感のようなものが来る。こういう歌があった。

この里に　手まりつきつつ　子どもらと　遊ぶ春日は　暮れずともよし

こういう長歌もある。

霞《かすみ》立つ　永き春日に　飯乞ふと　里にい行けば　里子ども　いまは春べと　うち群れて
み寺の門に　手まりつく　飯は乞はずて　そが中に　うちもまじりぬ　その中に　一二
三四五六七　汝は歌ひ　我はつき　我は歌ひ　汝はつき　つきて歌ひて　霞立つ　永き
春日を　暮らしつるかも

印刷物のグラビア写真を光に向けて少しずつ傾けていくと、パッと陰画にかわるところがある。陰と陽は同じものである。そんなふうに、この二種の歌はたがいの姿に変貌する。陰から陽に、陽から陰に。良寛は同じ態度で苦と楽をうたっている。それがわかる。孤独力が到達する場所がここだろう」

彼はそんなふうに思うそうである。

ぬばたまの　夜はすがらに　くそまり明かし　あからひく　昼は厠《かわや》に　走りあへなくに

「良寛の大腸、直腸、肛門は壊れてしまった。『どうですか』と医師に聞かれて報告しているような歌だ。夜になれば糞《くそ》まみれになって朝が来るのを待ち望み、昼は昼で便所に走るが、途中で漏らしてしまうのだよ」

わが友人は「たははは」と笑いながら自己流に訳して見せて、「自虐《じぎゃく》ではないと思う。自虐には誇張《こちょう》があり、それが甘えを呼びこむが、これはただ正確なだけだ。孤独者良寛は、自分の観察者だったのだろうか」といった。

こういう肉体的には衰弱した老人、七十歳をすぎた老人のところに通ってくる若い女がいた。まだ三十そこそこの豊満な美女だったそうである。貞心尼《ていしんに》。明らかにふたりの間にはロマンスが交わされていた。糞まみれの老人は、四十歳も年下の若き美女に看病され、みとられて亡くなった。

四股を踏む不思議な男は、「俺にも可能性があるよな、ないかな」と私に問いかけるのだが、どうにも答えようがないのである。

少なくとも、こうはいえる。孤独力は、男の魅力なのだ。貞心尼が、良寛の境地や和歌に憧《あこが》れて接近したとしても、良寛伝説のなかに、消しようもない形で自分を刻印しようとしていたとしても、良寛の孤独力をしっかり見ていたのではないだろうか。

第二章　孤独に慣れる、孤独を生かす

家での孤独にとらわれすぎない

友だちのいうことは、どんなことでもみんなおもしろい。

——ジャン・ルノアール（映画監督）

定年前後の夫婦関係

孤独をポジティブに転換できる人たちは、孤独は力であって、ひとりで自由なことができるという意味合いでとらえる。旅行にも行けるし、本も読めるしというふうに、孤独を力に変換できる人は、孤独力が強い人たちで、孤独によって生活が充実していく。

その人が孤独力を育ててきたのかどうかは、夫婦の関係を見るとわかる。定年になって自由な時間ができ、奥さんに「いっしょに旅行に行こう」と誘ったところ「私はいやよ」とあっさり断られる。奥さんが「なによ、いまさら」と思っているのがわからない。「行くんなら女同士で行きたいわ」と思っていることもわからない。

奥さんはずっと旅行に行くのを我慢してきたのである。子どもが小さいころには家族旅行はあたりまえだった。ところが中学に行くころから子どもは親と旅行することをいやがるようになる。四十代半ば以降の多くの家族の場合、ここで旅行は途絶えてしまう。孤独力のある男は、子どもを置いて妻とふたりで旅行する。それができる。

組織の中にどっぷりつかりきって、孤独力を育ててきていない男性は、夫婦の旅行なんてありえないと思う。そのときに妻がどう思っているかを想像することもない。それが「定年になって暇になったから俺につきあえ」では、断られるのも当然という気がする。

孤独力のある男性は、ひとりの時間があるから、ふたりの時間が大切だと思える。孤独力のある男性は「女房思い」である。おもしろいことに、孤独力が強いかどうかは、定年前から察しがつくのである。

ひとりの時間をもっている男性は、その大切さを知っている。だから妻の時間を大切にすることができる。孤独力のないおやじは、それがわからない。だから定年になった自分につきあうのは当然だなんて思うのである。「私、行きません」といわれて、えらいショックを受けるのである。

じつは「まともな人」

孤独力を発揮できる人は、若いときから家族を大事にしている。家族のわずらわしさも知っている。だから、ひとりのよさもよく知ることができる。これらのこと全部を知っている人なのである。

前にも述べたように、孤独力があるということは、孤独が好きということではない。「孤独力が強い」イコール「孤独好き」イコール「変人」というようなことではまったくない。ある意味では、非常にバランスがとれた人のことなのである。

この差はどこから生まれてきているのだろうか。ひとりでいることも大事だし、ふたりでいることも大事だし、家族といることも大事。これら全部のよさを知っているから、選べるのである。

ひとりでいることも選べるし、ふたりでいることも選べるし、家族といることも選べる。だから「孤独力」があるとは、すごく「まともな人」だということになる。

サラリーマンには、ランチを必ずグループでとらなきゃいやだという人がいる。これは孤独力の予測因子となるだろうか。つねに徒党を組む人は、孤独力がないのか。サラリーマンはコミュニケーションをとる必要があるから、一概にこれをもって孤独力がないとはいえないだろう。

職場仲間のコミュニケーションとして飲みに行くとき、「いや、私は今日は……」なんてことをずっと続けていると、変なやつと思われ、ちょっとまずいことになる。ひとりでランチに行く人も、そのことで孤独力が強いということはできない。

孤独力の強い人は、あらゆる場面に適応できる人なのである。ワンノブゼムにおけるひとりの大事さをよく知っている人なのである。ワンパターンの頑《かたく》なな人ではない。

裸のつきあいをつくるとき

人生の味は、行って戻る心の味である。箱根駅伝とおなじく往路と復路がある。往路にも復路にも、ひとりになる時間帯がある。そのひとりになる姿が、人によってじつにさまざまでおもしろいのである。

正しい、間違っているという考え方が意味をもつことは多いが、人生ではむしろ、おもしろい、つまらないという見方をしたほうがふさわしいことがある。

われわれは家族のなかに生まれる。赤ん坊、幼児、少年と男の成長の時期を通過してひとりを意識するときが来る。青年期にひとり暮らしをすることには意味がある。そして結婚して家族をつくる。新婚時代は手をつないで歩く。子どもができる。ここから男性たちの予期していなかった事態がはじまるのである。

恋女房は母になる。関心は夫から子どもに移っていくのである。幼児のときはまんなかに子どもをはさんで手をつなぐ。もう妻の手にふれなくなっていることの意味を、うかつにも男性は見逃す。この段階で、男性の「ひとり」の新時代がはじまっているのである。

子どもは大きくなる。女の子であれば事態は激烈になる。「お父さんの枕はくさい」「お父さんの入ったお風呂はきたない」「いびきが下品」……不潔という否定がはじまったのである。娘たちは、父親がちょっとでも若い女性に目を走らせれば、目ざとくそれを認めて「いやらしい」と嫌悪《けんお》する。

男性たちは、女性の価値観を誤解していることがじつに多いのである。中年を迎えた男性は、若いときの引きしまった身体をなつかしみ、腹をシックスブロックに割ろうと、やる必要のない苦労をはじめる。女性は筋肉の鎧《よろい》などに魅力を感じはしないのである。あえていえば、小さく引きしまった尻。隆々《りゅうりゅう》たる上半身になど魅入られはしない。

男性は権力だとか、セックスの力だとか、パワーが女性を惹《ひ》きつけると思いこんでいるが、じつは女性の惹かれるのは「清潔感のある男」なのである。お父さんが「不潔」という否定を受けるのは、女の子が大人になる練習台になっているのだ。お父さんは、家族のなかの孤立を引き受けるしかない。

間違っても、仲よくしてもらおうなどと思わないほうがよい。問題は、このひとりの時間帯をどう過ごすかである。

この時期に男性が磨《みが》くべきは友情であろう。仕事という利害を離れた、信頼しあえる男を何人かもつ。裸でつきあえる友をもつ。これは孤独力がなければできないことである。孤立けっこう。俺は俺で孤独力を磨くぞ。家族のなかで孤立する時間帯は、楽しい時期なのである。

やがて子どもたちは家を出ていく。夫婦が残ると、ふたりがばらばらになっていることに気づく。「ひとり」を意識する第二の時間帯である。これはかなり苦しいものだ。ここから家族を取り戻さなくてはならない。

疎外された時期に孤独力を磨いていた男性にとっては、それほどむずかしいことではないが、仕事に埋没することで逃げていた男性はうろたえるであろう。妻との恋愛期に若い孤独力を発揮したようにはいかないが、ふたたび孤独力が求められているのである。

この仕事は大仕事で、いろいろ悩んでいるうちに、どこかで楽しい仕事だと気づくときが来る。

会社での孤独は自分を鍛えるチャンスである

自分で考えなさい。そのときなにが起きていようと、自分ひとりで考えようとするのだ。
　　　　――ジャン・リボー（経営者）

「生きることは競争」の現実

会社という組織のなかには、ふたつのグループが存在している。勤め人は、なかなかこのことに気がつかない。

そもそものはじめから、仕事は孤独なものだと考えている者。仕事と孤独は無関係だと思っていたのに、あるとき壁にぶつかる。その悩みのなかで自分が孤独に陥《おちい》ったと感じる者。この両者が構成しているのが会社なのである。

創業者。オーナー経営者。ワンマン。この人たちは仕事は孤独なものと知っている。雇われた者。従業員。このグループは仕事が孤独だなんて、まさか、と思っている。

この違いはリスクと関係がある。リスクを背負って、自分の人間性を丸出しにして勝負している者は、傲慢《ごうまん》かもしれないが孤独力の人である。リスクを背負わず、ただ組織から自分の利益だけを引きだそうとしている者は、孤独力には無関係。

ところが、生きるということが競争であるという現実は、すべての人に共通する。会社という場に生きる人は、それゆえどこかで必ず孤独と直面することになる。

ひとつは評価である。自己評価、上司のような恣意《しい》を含んでいるかもしれない他者による評価、客観的な数値化できる評価。どんな評価であれ、評価は評価されたものを孤独に導くのである。

得意であれば幸いである。その得意はすべてあなたの手柄であり、その人間性のすべてがかかわっている。そんなふうに思えるから、得意になれる。人生は輝き、未来はバラ色である。生涯をそのまま突っ走る人もまれにいる。それがまれであることは、そのうちにわかる。

失意が苦しい。誰によるどんな評価であれ、利益という金の卵を生む雌鶏《めんどり》としての評価だからである。人間というものは莫大《ばくだい》であり広大であり深遠であるのに、「なんでこんなくだらないことで人間を選り分けるのだ」という怒りにかられる。怒りをいだいた人間は苦しい。

しかし自分の人生の時間を売った人間なら誰でも知っているように、自分の時間を売った段階で勝負はついているのである。あとのことはみんな負け犬の遠吠《とおぼ》え、引かれ者の小唄である。会社社会というところは、耳には聞こえないがこの遠吠えと小唄がわんわんと鳴り響いている場所なのだ。

ここまではあたりまえのことで、何をいったところで何の解決もない。最初からとっくに知っておくべき大前提にすぎない。問題はそのあと。孤独を知った男性はどうするか、である。

心のうちを打ち明けられないとき

会社で孤独に陥る蹉跌《さてつ》には、小さなものから大きなものまである。小さなものは帰りに同僚と飲み屋に行って愚痴《ぐち》をこぼしたり、誰それの悪口まがいの噂話《うわさばなし》に興じているうちに解消してしまう。それでも晴れない孤独感は自分で出口を探すしかない。

大きな蹉跌になるほど、口にすることができにくい。心のうちを打ち明けられない。打ち明けられればそれだけで軽くなるのに。そういうときは、自分のつきあいの範囲を見なおしてみる。ふだん視野に入っていない人たちのなかに、孤独力のもち主がいるものである。

そういう人は群れない。派手な自己主張をしない。しかしまわりの人々をしっかり見ているものである。孤独を感じている人に自分から近づいていくことはないが、何か話したげに自分を見る人がいれば、必ずそれに気づく。彼には受けとめる力があるのである。

「飲みに行きませんか」と誘えば、自分の行きつけの飲み屋に案内してくれるだろう。それは同僚たちがいつもつるんでいるところとは異なっている。カウンターに座れば、バーテンダーは彼をよく知っている。「これ一度ためしてごらんよ」といって、自分の好きな飲みものをすすめるだろう。

孤独力のある人は、詮索《せんさく》しない。自分の好きなこと、楽しい話題、会社と離れたつきあいの人々の興味深いエピソード、自分の知られざる閲歴《えつれき》などを選んで話す。それを聞いていると世界が広がっていくのを感じる。自分の孤独など、小さな世界に閉じこもっているがゆえだとわかる。

孤独力のある人は、自分の選んだ人だけを、自分の独自のつきあいの輪のなかに招き入れようとする。次に誘われて飲みに行くと、知らない人が何人もほがらかに待っている。みんな楽しい話題を次々としゃべる。どの人も会社という小さな縁故《えんこ》の世界からときはなたれているのがわかる。それらの人に紹介され、人々の紹介を聞いていると、それぞれが孤独力の持ち主であることがわかる。

不思議なことだが、なにひとつ自分の悩みを打ち明けたわけでもないのに、まるでそれを打ち明け、受けとめられたかのように、孤独が解消していることに気づくのである。それから生き方が変わる。自分もそういうつきあいの輪をつくる核になりたいと思い、実際そうしはじめるのである。

恋愛と別れ

蹉跌がきわめて大きく、精神の病に近づく場合がある。これにいちばん効《き》くのが恋愛である。これは劇薬だから覚悟してかからなければならない。独身であれば問題はないが、家族がいれば、不倫だからである。

女性観は人さまざまだが、ある知人は次のような分類をした。彼は恋愛によって孤独から抜けでた不倫の経験者であった。

「女は二種類ある。強い女と弱い女だ。強い女は男を支配して自分の世界をつくろうとする。そのやり方にもいろいろある。弱い女は男に圧迫を加えてこないが、やはり自分の世界をつくろうとしている。その極限のやり方は、自殺を図るというような弱者の暴力の形をとる。強い女は男をどやしつける。弱い女は化《ば》けて出る。どっちがいいか、それはなかなか結論が出ない問題だ」

彼によれば、男が孤独力を獲得するのは、自分を恋愛によって孤独から救ってくれた愛する女を捨てることによってである。なにやら都合のよい話である。

彼によれば、じつはこの恋愛はエゴイストとエゴイストの闘いである。それが衣装をはぎとったときの姿だからだそうだ。自分から相手を捨てることのできない男は、孤独力を手にすることはない。

恋愛と別れは、生涯心に残って消えることはない。それほど強い痕跡を残す。つじつまの合わないものを、そのままかかえて生きるのである。

恋愛にも巧拙《こうせつ》があり、別れにも巧拙がある。その巧拙のままに、何度も何度も思いだし、ふり返り、悔《く》やんだり、泣いたり、冷や汗を流したり、いとおしく思ったり、感謝したりするのである。

気分の停滞を打破するもの

自分の生命力の、バイオリズムのようなものを感じている人は少なくないと思う。どうも元気が出ない。なにもかも退屈で憂鬱《ゆううつ》に感じられる。たんなる気圧の問題であることもあるが、大きな波の揺りもどしがきているように感じることがあるだろう。高揚した気分は疲れる。絶好調のあとには、必ず休養期が来るような気がしないだろうか。

そういうときには、自然が命ずるままに休養していればいいが、蹉跌による気分の停滞はちょっとやっかいである。そんなときには愛読書を一冊もっていると、かなり事態が変わってくる。

ある人のある本を読むと、停滞した生命の流れが復活するような気がする。脈々と温《あたた》かいものが流れだし、生きる気力がわいてくる。そういう本、書き手をもっている人は多いのではないか。もちろん音楽でもよい。友だちでもよい。なにか波長が合うのである。音叉《おんさ》が共鳴してりょうりょうと鳴りだすような生き返る感触。

孤独力は、そういった自分の調整力があるかないかにもかかわってくる。それのある人は、孤独を恐れないであろう。あそこに帰ればいい。それが安心感となってささえているのである。現在の私にとっては、それは空海である。

ひそかにつぶやく言葉

これは、ある一部上場会社に勤めている男の話である。会社の経営・人事方針が自分と違いどうしようもない場合、ひそかにつぶやく言葉があった。

彼は「負け惜しみだよ」というのだが、プライドが高く、出世の階段からはずれたこの男は、「もしこの言葉がなかったら、発狂していたかもしれない」という。

その言葉は次のものだ。

紅旗《こうき》征戎《せいじゅう》吾《わ》が事に非《あら》ず

これは、治承《じしょう》四年（一一八〇年）、東国源氏反乱の報に接し、藤原定家《ふじわらのていか》が日記「明月記《めいげつき》」に書きつけた言葉である。

彼は朝廷において歌で天皇に仕える家柄で、武士ではない。だから平家がいくら騒いでも横で冷ややかに見ていたらしい。この日記の日付のとき、定家は十九歳だったそうだが、言葉のもつ力は年齢には関係がない。

この言葉をつぶやいた男はきわめて実直で、何ごとも割を食いやすかった。あろうことか、五十代で軽い脳梗塞《のうこうそく》をわずらい、身体の右半分が不自由になった。

「それまでは、天よ、我に七難八苦を与え給え、と思っていたけれど、麻痺《まひ》が起こったとき、ほんとうにするやつがいるかと天を呪《のろ》ったよ」

これは彼の言葉そのままである。こういうユーモアこそ、孤独力がある証《あかし》である。麻痺と闘う日常で、また新しい言葉が加わった。

What can't be cured must be endured.（治《なお》らないならあきらめな）

If anything can go wrong, it will.（物事は悪くなる可能性のあるときはそうなる）

前者はことわざ、後者はマーフィーの法則だそうである。

人生テーマをふところに

会社での孤独は、自分の人生を見なおすよい機会である。会社生活とは異なる視点をもつことができれば、多くのことは笑い話になる。あるいは、蓄えておくべきよい材料にすぎなくなる。いやな人間に会えば会うほど、興味深いデータが増えるのである。

私が思うには、作家という商売は精神をわずらわずにすむすてきな商売に思える。なぜならどんなにいやなこと、世間的には不運としか思えない出来事に見舞われても、すべてが小説の材料になるからである。

会社に勤めていて、それに打ちこんでいればいるほど、出来事をまともに食らってしまうだろう。よいことならいいが、悪いことが起こるとダメージを受ける。そんなとき、会社の論理とは異なる人生テーマをもっていれば、事情がかなり変わってくるだろう。ある男は、こんな人生テーマをもっていると話してくれた。

人間とは何か。

これは永遠のテーマで、答えはない。あるかもしれないが、どんな答えを出しても十分ではない。世間の出来事、人間のふるまいすべてが材料である。よかろうと悪かろうと。

われわれは小さな自分の住んでいる世界のなかで、とかく噂話をする。それが噂話にとどまるのは、自分の利益得失から話すからではないだろうか。

同じ噂話でも、「人間とは何か」という視点から話せば興味は変化する。実際、そのほうが楽しく話がはずむのである。「和して同ぜず」という関係が生まれて、気分がよい」と彼はいった。

これもまた孤独力というものは何かに、ある示唆《しさ》を与えていると思う。

孤独を認識するとうまくいく

英雄たちは、ふつうの人と異なる勇敢さをもっているわけではない。ただ五分間だけよけいに、ふつうの人より勇敢でいたのです。

——ロナルド・レーガン（第四十代アメリカ合衆国大統領）

男は孤独から逃げられない

男性は孤独に弱い。仕事、家族がなくなると萎《な》えてしまう弱い存在である。そう思われている。男性が孤独に弱いと感じる人の心には、女性が対比的に思い浮かんでいる。

「女は強いよな。旦那が亡くなったあと、元気になって長生きするもの」

「そう、男は女房が亡くなると急にしょぼんとして精彩がなくなる。そして数年、へたすると数ヵ月で後を追うように亡くなったりする」

こんな会話を口にした人も、耳にした人も多いのではないか。

女性は孤独に強く、男性は孤独に弱いのか。世間ではなんとなくそんなふうに思われているが、私はそうは思っていない。

女性は孤独に弱い存在である。そう思っている。それなのに、なぜ旦那が亡くなったあと元気になり、長生きするのか。旦那が死んだあと、女房たちは、女友だちと一緒になる。同性間のソーシャルサポートが強くなるのが、女性の強さの源泉である。たがいにケアする女性同士の関係で、旦那はブレーキ役であった。そのブレーキがはずれたのである。

女性は、夫がいる間は我慢していたのである。男性はそれに気づかない。

公認会計士の仕事から引退したその日に「今日からあたしとあんたは対等ですから」と奥さんに宣言された夫がいる。奥さんは「あたし、そういってやったの」と勝ち誇った笑顔で女友だちに話すが、旦那は、この謀反《むほん》の意味がわからず、ひとりで激しいショックを抱えこむ。

そうなる瞬間まで気づかないのである。思いもよらない。自分がいかに女房に我慢をさせていたのか、女房がいかにこの日を待っていたのか。

定年退職したら「退職金を半分分けして離婚します」といわれる人もいる。そこまでいかない人も、旦那が亡くなれば日増しに元気になっていく。それまでは夕方になると「夫の食事をつくらなけりゃいけないから、早く帰らなきゃ」といっていた人も、旦那がいなくなればそういうことはいわなくなる。女性同士で思いきり楽しみ、元気になっていく。

男性はあまり気づいていないが、女性は同性の友だちと会うから元気になるのだ。旦那が亡くなると、それまでは犠牲にしていたソーシャルサポートが、あっという間に回復する。ひとり者の女性はそれに豊かに満たされる。女性は孤独を認識しない。男性こそが孤独を認識し、それを力に変えることができるのである。

「夜やなみだ」の心

孤独は男の特権である。孤独の時を通過しないと男になれない。孤独に直面したとき、それが特権的時間のはじまりであるとわからないと、真の男になるチャンスを取り逃がす。酒を飲む。誰かに依存する。何かに逃避する。放蕩《ほうとう》。逃げる道はいくつもある。逃げてもかまわない。ただ、おそらくは逃げ切れないだろう。そこでどうふるまうか。

芭蕉マニアの知人は、こんな芭蕉の句を教えてくれた。

櫓の声波ヲうつて腸氷ル夜やなみだ

延宝《えんぽう》八年（一六八〇年）、ときに芭蕉三十七歳。池永大虫《いけながだいちゅう》編の『芭蕉翁真蹟拾遺《しんせきしゅうい》』に「冬月江上に居を移して寒を侘《わ》ぶる茅舎《ぼうしゃ》の三句」として収録された三句の一つである。新居は杜甫《とほ》の詩にちなんで泊船堂《はくせんどう》と称した。その理由は謎なのだが、江戸ナンバーワンの繁華街である日本橋から狸《たぬき》の出そうな深川に隠棲《いんせい》したのである。知人はこんなふうに説明してくれた。

「ろのこえなみをうってはらわたこおるよやなみだ

句ぜんたいが震えている。芭蕉はこんな句もつくっていたのだ。この句はすごい。なんとも凄惨《せいさん》。

〈櫓の声波ヲうつて〉

強弱がつぎつぎとおしよせうねっている。短いけれどそんな調子がある。

住んでいるのは川岸。しかもすぐそば。窓の下には大川。そうであるから、舟をこぐ櫓のうめくような声が耳に届く。音ではなく声なのだ。その悲しい声は、波立つ川面を打つようにきしりつづけている。

〈腸氷ル〉

波を打つ櫓の声が家のなかできしる。家の壁は消えているかのようだ。それどころか、身体の境界も消えている。その冷え冷えとした声はじかに体内に響き、はらわたを凍らせてしまう。櫓を差しこんだ凍れる川水が腹のなかを流れる。

ひどい精神状況だ。自我を防衛するしきりがなくなってしまっている。

〈夜やなみだ〉

夜そのものも泣いている。おそろしい孤独の世界。自我が溶解して恐怖に浸されているとき、涙なんか出ない。〈夜やなみだ〉の涙とは、深い闇のなかを降りしきる氷雨《ひさめ》ではないか。その氷雨は、震える孤独な心のなかにも降りしきっている。

『それはね、実存の恐怖ですよ』と誰かがいってくれれば楽になる。名づけられれば耐えられる。芭蕉はそれで必死になって句をつくった。

しかし、夜のせいなのだ。夜が明ければだいじょうぶ。そんなことは芭蕉だって知っていた。人生には、こういう夜のトリックに引っかかってしまうときがある。

櫓の声波ヲうつて　腸氷ル　夜やなみだ

芭蕉に何があったのか。なにか大きな暮らしの断絶があったとき、こういう恐ろしい孤独な心境に陥る。まったく普通の状態ではない。これが危険なのは、抜けだせずに死を選んでしまうことがあるからだ。

自分にもあった。ぎりぎりしのぎきって生きてきたが、雨がどしゃどしゃ降る暗い日、友だちは死んでしまった。

たいへんに優秀な男だった。快活で、頭がよくて、スポーツ万能で、親分肌でめんどうみがよかった。仕事もできた。トントン拍子に出世して誰よりも早く大きな肩書のあるポストに就《つ》いた。

彼はトップランナーだった。しかしがつがつしているやつではない。めったにいないおらかな性格をもっていた。

高校時代、三年間硬式テニスクラブで活躍し、三年になって夏休みがきても、入試の時期がきても、テニスコートには彼の姿があった。遊ぶのが大好きで身体を動かさないではいられない男だった。

秀才ではあったが、がり勉ではなかった。たとえば物理のテストがある。彼はいちばんむずかしい問題を探し、それから取り組みはじめるのが常《つね》だった。最後まで解けなければ零点。零点であることをなんとも思っていなかった。解ければあとは一気に細かい問題をやっつけにかかる。全校でひとりだけ解けた人がいる、というときは、必ずその難問を解いたのは彼だった。

そういう男だったから信頼され、頼られ、愛され、出世街道をまっしぐらにいってあたりまえ。同級生はみんなそう思っていた。

もと財閥系の大会社の役員たちは、彼をかわいがり、争って自分の子分にしたがった。そこに経済の負《ふ》の波が押し寄せた。大きな仕事をしていたがゆえに、彼が会社に与えた打撃は莫大なものとなった。ちやほやしていた役員たちは手のひらを返したように冷酷にふるまった。人間不信。苦しい精神の病気との闘いがはじまった。

それまでのつながりが切れた。はじめての経験だった。断絶。それがきた。世界と切れてしまった。このくらい苦しいことはない。暮らしというものは、習慣にささえられている。連続性を疑わないでいられるから落ちついていられる。安定していられる。ただそれだけのことだ。

芭蕉にも、こういう劇的な人生上の変化があったに違いない。そうでなければ、こんなふうな句を詠《よ》んだりはしない」

孤独に襲われたときに何をするか

これが男を襲う孤独である。芭蕉はそれから逃げなかった。自分の孤独に対面して、ともかく泣きながらでも句に刻んだのである。

孤独を認識する、まさにその認識自体をも芭蕉は句にしているという。

　夜ル窃ニ虫は月下の栗を穿ツ

天和《てんな》元年（一六八一年、三十八歳）、池西言水《いけにしごんすい》編『東日記』に発句十五句が入集した。そのなかの一句。芭蕉マニアの彼はこんなふうにそれを解説した。

「よるひそかにむしはげっかのくりをうがつ

俳句というよりはむしろ、そう、漢詩そのもの。流れていく調子は日本人が漢詩を読むための訓《よ》みくだし文だ。俳句としては違和感を感じるとともに、不思議な魅力に打たれる。

〈夜ル窃ニ〉

ひそめた声。

〈虫は月下の〉

虫。どんな虫？　月。満月？　歪《ゆが》んだ月？

〈栗を穿ツ〉

硬い栗の実のなかにひそむ肌柔らかい小さな芋虫。非力な彼は硬い栗の果肉を齧《かじ》っている。一心に着実に。必死な熱い世界です。誰にも見えない小さな狭く閉じた場所。大きな開けた世界がそのまわりにある。

月が出ている。冷え冷えとした青い光。樹木は茂り人家はない。栗の葉も蒼《あお》ざめてぬれたようにてらてらと光る。梢《こずえ》には緑の栗のイガ。その棘《とげ》とげも冷たく光っている。世界、というものがあるとしたら、世界には栗のなかにいる虫が見えていない。狭い空間で首を上下しながらしきりに齧って穴をあけていることを知らない。

句は、閉じた狭い世界と、月下の世界とのあいだを行ったり来たりする。この転換は、虫／夜ル／窃ニ／穿ツ／月下／栗、という要素をバラバラにしてモザイクのように差しこみかえた効果だと思う。

夜ル窃ニ　虫は月下の　栗を穿ツ

小なるものと大なるもの。大なるものは小なるものを知らず。小なるものも大なるものを知らない。張りつめた緊張。それが詩情になっている。

芭蕉は、どうしてこの句をつくったのか。この句の向こうには温かくつながる誰もいない。ひとりである。たったひとりぽっち。孤独。しかし淋しいのではない。世界との冷たい関係のなかにも成立する幸福感。そんな感じもする」

男が孤独を力に変えるプロセスが、ここに描かれている。そう彼はいった。

「追いつめられた孤独の句、〈櫓の声〉を彫琢《ちょうたく》したのは、この幸福な〈月下の虫〉だったんだなと気づかされた。芭蕉は苦しいときにその苦しさを友とした。それを可能にしたのが月下の〈虫〉だった。〈虫〉は芭蕉の自我の崩壊を、なんとかかんとかおしとどめた。

俺の友だちには〈虫〉はいなかったんだろうか。あけっぴろげの彼の明るさを思いだす。彼にはそれがいなかったんだなあ。そんな気がした。彼はひとりで闘った。俺はその一部をじかに知っている。勇敢に闘って敗れたんだ。そう思う」

孤独が去るとき

もし、彼に孤独を認識する方法、芭蕉の句でいえば「虫」がいたら、そのあとの展開は変わっていた。芭蕉マニアの友人はそういって、もうひとつの句を教えてくれた。

くれくれて餅を木霊のわびねかな

天和元年十二月末に揮毫《きごう》した「乞食《こつじき》の翁《おきな》」と呼ばれる真蹟懐紙に見える四句のなかの一句だそうだ。男はどのように孤独から脱していくのか。

「くれくれてもちをこだまのわびねかな

おだやかな流れだ。ややなげやりなリズムからはじまる。

〈くれくれて〉

年が押しつまる。孤独にさいなまれる人は暮れだろうが正月だろうが関係ない。しかしどこか歌の文句みたいじゃないか。危機は脱したのだ。世のなかは暮れだな、そういう軽さがある。

〈餅を木霊のわびねかな〉

餅つきの杵《きね》の音《ね》がリズムよく聞こえてくる。一ヵ所ではないのかな。町内のあちこちでこだまのように遠く近く。しかし自分は正月の用意をすることもなく、祝う気持ちもなく、ひとり。

この句から感じるのは、わびしさではない。すねた気分でもない。孤独感でもない。安心感。社会とつながっているなごやかな気分だ。そのつながりは強力ではないけれど、拒絶する気持ちはない。

〈腸氷ル夜やなみだ〉の苦しい世界から脱出してきたのだ。やっと手にした穏《おだ》やかな心境。ひとりでそれを噛《か》みしめている。しかしまだ句のそばに人はいない。少し離れたところで、人々は生活の哀歓を生きている。いまはまだ休息のとき。やがて自分はそのなかに入っていくだろう。

くれくれて　餅を木霊の　わびねかな」

ソーシャルサポートという安全弁のない男の世界は、いつの世もたいへんなのである。

芭蕉のこの三つの句は、男の遭遇する過酷な孤独のあり方をまさに描いたものだと私も思う。

成功する人、長寿の人は孤独をよく知っている

ああだこうだ考えてばかりいるな。きみのやるべきことをやれ。人生とは頭でこねくりまわしたり難クセをつけたりして変わるようなものではない。

——ラルフ・W・エマーソン（思想家）

ストレスのタイプ

長命な人にはストレスがない。成功する人にもストレスがない。これはたぶんいいすぎであろう。ストレスはあるだろうが、ストレスの種類が違うのではないだろうか。どなたも気づいているように、ひと口にストレスといってもいろいろある。

緊張に身も縮むようなストレスがある。小学校の運動会の徒競走。号砲がいくつも鳴り自分の番が来る。このストレスには半分はわくわくする高揚の気分がある。オリンピック選手のコメントを見ても、北島康介《きたじまこうすけ》のようにファイナルレースに進んで、「またこれが味わえるなんてたまらない」といえる強い選手がいる。

「明日があるさ」というリバイバルしたポップスは、初恋の相手に声をかけようとしてはひ

るんでしまう、恋する少年の弱さからくる甘いストレスを歌っている。

スタインベックは『エデンの東』を書いたとき、大判のノートを用意して片ページに小説の草稿、もう片ページには編集者にあてた手紙を同時進行させて書いていた。それによると、着手が怖いというベテラン作家のストレスが見える。

自分で書きたいものを書くのだから、ストレスには無縁と思えるが、違うのである。なんとかしてそのストレスから逃れようと、書き物机を改造したり、ペンキを塗りなおしたり、着手の時を先のばししようとしている。

気力が盛んになるほど、それにつりあう大きさの反対の心理が心にわいてきて、激しく葛《かっ》藤《とう》するのであろう。これらに共通しているものは、ゴールがはっきりと見えていることであろう。そしてそのゴールに到達したいという激しい渇望がある。それがこのストレスの実態らしい。

もう一方には、抑鬱的《よくうつてき》になるストレスがある。会社に行くのがいやになる。苦手な人に会うのがいやで、それから逃避する。多額の借財の返済のめどがたたず、気持ちが沈む。朝、起きられない。人生が灰色に見える。人に会いたくない。重苦しくつらいストレスである。

この罠《わな》に落ちた人には、ゴールが見えていない。飛びこみたい、駆けこみたいという意欲がかきたてられるゴールがないのである。

太陽型と月型

楽天的な人がいる。そういう人には、絶対的な自己肯定がある。部屋の片づけが苦手で、探し物が長いこと見つからない。家中をマイスペースにしてちらかしてしまうから、とてもはた迷惑である。

あるとき気まぐれに片づけをはじめ、探し物が思いがけないところから出てくる。「おお、見つけた。俺ってすごい！」なんてことを叫ぶ。どんなことでも、自分を肯定する素晴らしい出来事に見えるのである。

そういう人は快活で、まわりを心地よい熱気で包む。やりたいことがいっぱいあって、いつもなにかしらにのめりこんでいる。自分だけには一日が四十八時間であってほしい。そんなことを本気で考えているのである。

その人の楽天性は、人はみんな自分を応援してくれているという根拠のない自信にもささえられている。心が他者に向かって開かれていて、喜怒哀楽があけっぴろげである。まわりを巻きこみながら、ひとつまたひとつと、自分のやりたいことを成しとげていく。そのたびに強い喜びを表現する。

成功する創業者のなかには、このタイプがかなりいるのではないか。その人には明らかに孤独力がはたらいていて、まるで太陽が燃えさかっているように感じられる。つねにやりたいことがあって、すでにそれをやっている。これが幸福の天才の条件のように思える。そういう人には、時々刻々未来が発生している。

孤独力は未来をつくる。行動プランをもっているからである。この太陽型に対比する存在が、月型のいくぶん悲観的な傾向をもつ人である。彼には行動プランがない。行動プランは太陽型からもらう。そこではじめて未来が発生するのである。

ゴーゴリは月型の人だった。彼にはプーシキンという太陽型の支持者がいた。プーシキンは笑い上戸《じょうご》だったそうだ。ゴーゴリはプーシキンに「お話のすじをください」と頼む。快活なプーシキンには、自分では書こうとしないお話がいっぱいあった。

死んだ農奴を買いまくる喜劇小説『死せる魂』は、そうして書かれたものだそうだ。アイデアはプーシキン。実作者はゴーゴリ。できあがった原稿を読んで、プーシキンは笑いすぎて涙を流し、「ああ、なんてロシア人は悲しいんだ」と叫んだそうだ。

このエピソードにはあるヒントがある。月型の人を太陽型に転換する方法はない。そのままの自分でよい。くよくよして決断ができない。そんなこと気にしなさんな。せめて、月型の人、悲観的な弱気の人は、太陽型の人を友にもつことだ。

この組み合わせは相性がよいのである。行動にうつさないから未来が発生しないという弱点は、そのなかで解消されるだろう。

時代は異なるが同じロシア人のドストエフスキーは、小説のなかで、「ものごとは着手することがいちばんむずかしい」と、つねづね感じていたに違いない本音をはいている。どんなことでも着手できれば半分終わったのと同じである。着手したということは、未来を手にしたということなのだから。

そこからの日々は、刻々の未来があるだけである。喜びというものは、そこからはじまるプロセスにある。そのほかの場所にはないのである。ここそが孤独力の領分である。

喜びと未来を手にできる

成功も長命も社会的な比較での話である。ほかの人より成功した。ほかの人より長生きした。これはこれでめでたく素晴らしいことだが、唯一の基準ではない。孤独力というものには、他者との比較という概念がないのである。

結果的に孤独力を手にした人は、社会的に成功する可能性が高く、長命であることも珍しくないだろう。ストレスが良性で、喜びと未来を手にできるからである。しかし、その特質は「つねに行動プランがあり、すでに着手している」というあり方のなかにしかない。ほんらい社会的な評価には無頓着で、あとは個性の違いがあるだけのことだ。

こんな話を聞いた。ふたりの絵本作家の話である。この話をしてくれた人は、ふたりがまだ駆けだしのイラストレーターだったころから仲よしだった。

イラストレーターの成功の道筋はふたつに分かれる。広告の世界に入って大会社の宣伝に手をかし、多額の金を手にする成功。もうひとつは絵本作家になって、はじまりから終わりまで自分だけでものづくりをする成功。こちらはあまり金になりにくい。

前者の仕事は、われわれが組織のなかでする仕事に似て、どこか別の場所でものごとが決定され、そのあとに実作業を分担するのである。

われわれの組織のなかでの仕事がそうであるように、自分なりの工夫も、努力も、成しとげた喜びも味わえる。しかし、それは全体から見ると一部にすぎない。どこか別の場所にいる決定者はそれを含めてもっと大きな達成の喜びを感じているのである。それがわかるから多少の欲求不満が残る。

絵本作家の道を選ぶイラストレーターは、全的な喜びがほしいのである。完全な自分の世界を表現したい。ふたりの若手はやがてそのチャンスをつかんだ。そしてまったく異なるタイプの絵本作家になった。

仕事をはじめるスタイルが違っているのである。ひとりは仕事にかかるという閾《いき》がない。起きるとアトリエに入って、水彩絵の具をといて色を塗っている。筆を洗うのはあの透明な卵パックである。それぞれの穴に水を入れてそれぞれの絵の具のついた筆を洗う。好きな色が出てくる。そのうちになんということもなく、仕事がはじまっているのである。

もうひとりは、はじめようという気になると、布団をかぶって寝てしまう。「逃避しちゃうんだよ」と本人はいうが、おそらく意識と無意識のあいまいな領分で、何かが浮かんでくるのを待っているのであろう。アイデアを得ると起きあがって、鉛筆でコンテを書きだす。ここからはじめて活気にあふれる。

孤独力が未来をつくっていくふたつのスタイルのように思える。われわらが仕事をするスタイルもそのどちらかに属するような気がする。

しじゅう雑談のなかに仕事の夢が入りこみ、「あ、いいよそれ、それ行こう」というぐあいに雑談のなかから次の仕事があらわれるタイプがいる。その一方で、仕事とそれ以外の時間が混じるのを嫌い、「さ、遊びはここまでだ、仕事、仕事」と切りかえ、自分の孤独な時間に帰っていくタイプもいる。

画家とか坊さんのように、長命な人が多い職業があるが、一日中ご機嫌で色を塗っているイラストレーターは、間違いなく長命だと思われていた。その友人の話では、その彼が最近亡くなった。五十代半ばである。

ある日、打ち合わせにアトリエから出ようとしたときハートアタックがきて倒れ、そのまま絶命した。持病があったのである。彼は少年とお爺《じい》さんと犬という三つのキャラクターしか描かなかった。それに合わせて出版社は絵本を依頼してくるのである。

たくさん絵本を描いたが、そのなかに、いい色の空に入道雲が浮かび、そのうえに少年が立っている一枚があった。

彼をよく知っている男は、空を見あげてくっきりと青空に立ちあがったそんな雲を見ると、そこに彼がいるのが見えるような気がしてしかたないといった。彼はそこに生きているのである。こんな長命もある。

第三章　孤独《ひとり》ゆえのとびきり上等な時間の過ごし方

いい刺激がほしい！　極上の楽しみ再発見

瞬間を愛しなさい。瞬間のエネルギーは、どんな障害をも乗り越えて、どこまでも広がっていきますから。

——コリタ・ケント（アーティスト）

ひとりでさっさと行動する楽しさ

私が、最近楽しんでいるのは読書である。通信制の高野山《こうやさん》大学大学院で学びはじめたことも影響している。

朝は五時半に起きて、六時から午後の四時までずっと読書する。空海や真言密教《しんごんみっきょう》のことを勉強するのである。四時からはスポーツクラブに行って、九時半には寝てしまう。そういう生活を、週末はずっと続けていた。

年齢的に早朝覚醒するから五時半には起きる。家では、六時くらいまでベッドの中でうじゃうじゃしているのが常《つね》だったのだけれど、どうせ眠れないんだから起きちまえ、そのまま病院に来ちまえ、と思うようになった。すると、いいことがたくさんある。

すいている道路を走ってくるのにもメリットがある。静かな建物のなかでじっくりと空海を読んで、それからおもむろに仕事をはじめる。こういう時間を過ごしていると、「孤独力」という感じがすごくする。

「俺、早く起きちゃった。仕事に行かなきゃならないから、ご飯つくってくれ」と女房を起こすのではなく、ひとりでさっさと行動する。こうする力が孤独力なのだろう。ひとりでさっさと行動できるかどうか。簡単にいえばそういうことだ。

読書することもそうだろうし、ひとり旅をするとか、急にカメラをいじりはじめるとか、いままで仕事に行っていたためにできなかったことを、さっさとひとりではじめる。

三日以上どこかに逗留《とうりゅう》してひとりで過ごすなんてことは、仕事をしているときにはできない。やってみたいと思ったら、さっさとやってみることだ。考えているだけではなく、やってみる。そうするととても楽しい。

五十八歳で、いったん大学の仕事を辞《や》めたときに、半年間ほどよくゴルフ場で過ごした。目的はふたつあった。シングルプレーヤーになること、それがひとつ。そしてもうひとつは、ひとりで勉強したかったのである。

朝になったらゴルフ場に行って、ひとりでコースをまわる。夜は静かにさまざまな読書をした。そのなかで知った空海の孤独力はすごい。そのすごさがよくわかった。残念ながら、シングルプレーヤーになるのはあきらめたのだったが。

書斎を出る

男性は書斎をもちたがる。自分の城がほしいのである。そこで家族にわずらわされることなく過ごしたい。しかしこれはなかなかかなわないのである。

家を建てるときに、妻の「もっと収納スペースを」という願望と闘い、狭いながらなんとか書斎をつくれたとする。数日はいいだろう。そこにたてこもって何かしようとする。うれしい時間である。

ところが自分が何をそこでやりたいのかわからない。どうしてもそこでなければできないことなどないのである。子どもが生まれれば、物がたちまち増え、家が手狭になる。あっという間に雨の日の洗濯物干し場になり、妻のものがもちこまれる。不平をもらしたところで、すでに城主が使いこなせずデッドスペース化しているのだから、説得力はない。

書斎が、ひとりになれる場所というのは幻想である。空間的にひとりの場を確保することは、家ではむずかしい。孤独力が発露している人は、まわりを圧迫するのである。気むずかしい顔をして寡黙《かもく》になり、家族の間の空気を冷えさせる。何事かに集中しようとしていても、家族は話しかけてきたり、のぞいたり、相手をしてもらいたくなれば容赦なく侵入してくる。怒りっぽくなる。いいことは何ひとつない。

家でひとりになろうとするなら、時間差をつくるのがよい。家族の活動時間帯とずらすのである。眠っている家族というものは家具みたいなものだから、家全体がひとりのスペースとなる。

家中を歩きまわりながら考えごとをすることもできる。どこでそういう時間をつくるのか、早朝か、深夜か。それはあなた次第。持続できる無理のない心身のリズムがキーとなるだろう。

アルコールをとると眠くなるのが弱点と思っている人がいるが、これを利点に変えることができる。夕食後に好きな紅茶で家族とくつろぎ、そのあと強めのアルコールを飲み、安楽椅子で仮眠する。

目が覚めた深夜からが誰にもじゃまされないひとりの時間である。昼間の仕事のある身には朝までというわけにはいかないが、一時間でも二時間でもいいではないか。ひとりになったその時間は濃密なものとなる。

雑踏のなかに入る

電車のなか、ホームのベンチ、喫茶店。がやがやしている場所だからこそ、ひとりになれる。お互いに関心をもつことのない見知らぬ他人である。そこからくるリラックス感。そこに人がいるという緊張感。この微妙なバランス感が集中によいらしい。

大学に向かう電車のなかで吊り革につかまり流れ去る窓の外をながめながら、科学上の大きな発見をした物理学者がいる。隣に立つ人と肩をぶつけあいながら、太陽系惑星のうち地球にだけなぜ海があるのか、その秘密のプロセスの化学式がひらめいた。電車のなかはひとりになれる時間なのである。

新人時代の中上健次は空港で働いていたが、仕事が終わると喫茶店に入り夢中で小説を書いていた。喫茶店やファミレスを仕事場にしているもの書き、漫画家たちはけっこういるという。孤独力をなりわいにしている人たちである。

漫画家がいちばん苦しむのは、コマワリをしてそこに人物たちの言葉を書きこむ「ネーム」をつくるところだという。二十四時間営業していて、コーヒーはお代わりし放題、長居をしてもうるさいことをいわない、これらの条件をすべて満たしているのがファミレスである。ここにも孤独になれる場所がある。

散歩。歩きながら考える。あるいは考え疲れて、頭を休めるために散歩に出る。一歩一歩前に進んでいくという肉体の移動は、頭にある種の刺激を与えるらしい。椅子に座っているときには出てこないアイデアが生まれたりする。

もうひとりの自分のいる場所

海外にお気に入りのホテルをもっている人がいる。そこに行くと日常とは別のもうひとりの自分になれるのである。毎年一度は滞在するので、フロントもドアマンも名前を覚えていて笑顔で迎えてくれる。

国内でもよい。ひなびた海浜の小さなホテルを探すことができれば、そこが異空間となる。いまは閉鎖されてしまったが、逗子《ずし》のなぎさホテルのような、個人オーナーがフロントに立っているような穴場がある。ひとりで訪ねてくる常連というものには、迎えるほうにも独特の接し方がある。

ひとりになりたいから来るのだとわかるので、それをじゃましない。しかし親身な関係はつくろうとする。ぽつんぽつんと、おたがいのことがわかり、その土地のあれこれが時間をかけて明らかになってくる。

とかく会社に勤めていたりすると、集団内の人とは過度に心を開き、それ以外の人に心を閉ざす習性がしみついてしまうものだ。ひとりの人間として、ひとりの人間に接する態度が知らず知らず切り捨てられる。会社員である間はそれで問題は起こらない。しかしいったん会社を離れると、どうしたら人とかかわれるかを知らない。そういう人間になっているのである。孤独力からもっとも遠い人間である。

人生のできるだけ早くから、ひとりで訪ね、滞在する場所をもつことは必要かもしれない。どこの社の誰それではなく、そういった自己紹介はいっさいなくとも話ができる、ひとりの人間とひとりの人間のかかわり方を身につける。

金をかけなくとも、探せばそういう場所はある。ある人は自分の暮らす自治体の施設を調べて、廃校になった山間部の小学校が宿泊施設となっていることを知った。訪ねると自分以外誰も来ていない。不思議な空間である。世話をしてくれる矍鑠《かくしゃく》とした老人は、もしや校長だった人ではと思わせるような知性があり、過疎化した村の厳しさ、どうしたら守《も》りたてることができるかの苦労などを話した。

二夜めになると自然の話が出た。カタクリの群落のありか、狐穴がどういう構造になっているか、ムササビを見たいときはどうするか、モリアオガエルの習性。

三夜めになると、自分たちが村をおこすためにしているシクラメンの小鉢の栽培と出荷の話。園芸のさまざまな知恵が語られる。次第におたがいの素《す》の人間の肌触りが感じられてくるのである。そして食事が終われば、大きな蛾《が》が窓の外にばさつく、ひとりだけの廃校の夜が静かにふけてゆく。あぐらをかいて机に向かうのである。

ふとした思いつきから

ひとりになるという姿はつくれる。それだけでは足りない。何をやるかである。ある女流カメラマンがこういうことをいっている。

「写真でいちばんむずかしいのは、何を撮るかなんです。私もいくつも個展を開いて発表してきたけれど、どれももうひとつ納得感がなかった。車が好きなので、車のボディやフロントガラス、リアガラスにうつる影、空の模様、ネオンのきらめきを撮ったことがあった。それがどんなに美しいか気がついていないから、みんな驚きます。手をぶれさせて撮れば絵画のような効果も生まれます。でも続けられない。

閉鎖された工場が荒廃したままになっているところがあります。植物が繁茂《はんも》して包みこんでいきます。何もかもが捨てられたまま。そこでヌードを撮ったこともある。不思議な世界が生まれます。

そのモデルの私生活を撮ったこともあります。いろいろ試しては個展を開いたけれど、続かない。そのとき阪神の大震災があった。私は神戸の出身なのです。踊りの師匠をしている母が心配で帰郷しました。さいわい被害は小さく母は元気でした。ふと思いついて、その母を稽古場で撮りました。カメラをかまえた私は圧倒されました。あ、これだと思った」

孤独力がもうひとりの孤独力に点火した瞬間である。

そのときから彼女は老いに向かった女性だけを撮りだした。これが彼女のライフワークとなり、写真集も出た。被写体は増えるばかりなのである。彼女は女性しか好きになれない体質をもっていて、それにもぴったりフィットしたのである。

こういうことは最初から思いつきそうに感じられるが、じつはそうではない。迂回《うかい》して迂回して、その果てに発見するものなのである。それは「ふとした思いつき」の顔をしてやってくる。それに気づいて、すっとすくいあげる力が孤独力だということもできる。

何度もそういうチャンスはやってきているのだが、機が熟さないかぎりつかみとることができない。これが人生のおもしろいところである。

突拍子もない発想

孤独力の醍醐味《だいごみ》は、テーマをもつことから生まれる。私が空海に夢中になっているのは、じつは切実な私の現在の仕事の悩みからきている。

それは仕事の枠《わく》をはずれて、私の人生のあり方にまで及びそうである。人生のあり方に考えを奪われるのは、思春期の特権というわけでもないのである。

二〇一一年の年末、ある人から高野山大学に通信教育の密教の講座があることを聞いた。

そして正月、自分の墓に行った。私は次男坊なので家の近くに新たに自分用の墓を買ったのである。そこに年に一回、正月に行くことにしている。気がついたら墓のあるお寺が真言《しんごん》宗《しゅう》だった。それまで知らなかったし、気にもしていなかった。

毎年、その帰りに玉川大師に詣《もう》でておみくじを引く。二〇一二年は、十六年目ではじめて大吉を引いた。すると弘法大師《こうぼうだいし》の大きな石像があらためて目に入った。

弘法大師はある方向を向いている。石像の視線の先には何があるのか。ふとそう思い、家に帰ってからグーグルの地図を拡大してみると、なんと弘法大師つまり空海は、私の家を見ていたのである。これはやるっきゃない。そう思った。弘法大師像は「やっと気づいたのか」と言っているようだった。

何かとんでもないことをいっているように聞こえるかもしれない。お祭しのとおり、これにはベースがある。その日、空海が私の心を鷲《わし》づかみにとらえてしまったのは、ある機が熟していたからなのである。

私は精神神経科から精神腫瘍科《しゅようか》に転身していた。五十八歳ではじめた新しいジャンルである。

精神神経科では亡くなる人をみることは少なかったが、精神腫瘍科ではしばしば亡くなっていく人をみるのである。落ちついて患者を診《み》るためには、死生観とか宗教観がとても重要な要素であると、痛切に感じはじめていた。そこがしっかりしていないと、死そのものが怖かったり、亡くなっていく人が怖かったり、間違った方向に行ってしまう。あやふやなままでは、この仕事はできないのである。

死生観や宗教観というものは、腰がそうとうに据わっていないと取り組めるものではない。一度思い切って取り組もうとぐずぐずしていたところに、暮れから正月にかけての出来事があったのである。やるぞやるぞ、といっていながら、なかなかやらないことがあるものだが、この日、ほんとうの「やるぞ」になった。

十年前であれば、こういうモチベーションはない。いまだからこうなったのだと思う。偶然が重なったように見えながら、じつは全部必然なのである。

転身した仕事では、何がほんとうに必要なのか、それがしっかりと見えてきていたのだ。私は知識ゼロから入った。密教の勉強を進めていくと、空海の死に方に強く惹《ひ》かれた。ここに私が求めているものがあると思えたのである。

たとえば読書（おすすめの読書法）、映画を観なおす……

つねに物事について考えるのだ。そのもののありかたを考えるのであって、それについて人がいっていることを考えるのではない。

——バーナード・ショー（作家）

対話ができる年齢

いつしかこういう事態になっていることに誰もが驚くのだが、五十を過ぎるとさまざまな著名な本の著者と同じか、それ以上の歳《とし》になっている。漱石より年上なのか。芭蕉の歳を超えてしまったのか。

もうひとつの驚きは、古典がわかるようになっているのである。『徒然草《つれづれぐさ》』を昔、教室で勉強したときには、なんだか辛気臭《しんきくさ》いと思っただけだったのに、読むと、自分のてのひらを見るようによくわかるのである。

自由に本が読めるようになったのである。権威のいうことを気にせず、自分の価値判断で対話できるようになったのである。

読書はここからがおもしろい。私の空海の読み方は、まったく私流である。たとえば、空海は三十九歳のときにうつ病にかかっていると、私だけはそう思っている。彼はそのときに死を意識したはずだ。しかし、「人間の生とは何ですか」「人間の死とは何ですか」……私は自分がいちばん知りたいことを質問しながら読み進む。

空海は自分の死をプロデュースした人間でもある。それも壮大な死をプロデュースした。二年くらい前に自分の死期を悟って、穀類を断った。木の実のようなものは食べていたらしいが、高野山と京都の間を何回か往復くらいしているから、体力は落ちていなかったのだろう。

いよいよその時になったと悟ると、「木の実を食べるのも今日からやめる」といった。次には「水を飲むのもやめる」と宣言して、死を迎える。そして、みんなに会って話しておきたいことがあると、何百人もの弟子たちを集めた。それから自分の人生を滔々《とうとう》と語りはじめる。それが『御遺告《ごゆいごう》』で、弟子たちがまとめた本のなかに空海の言葉として残っている。

壮絶な死に方をしていることが、それによってわかるのである。空海の語った自分の人生をたどっていくと、「孤独力」の強烈な人間の姿とドラマが浮かびあがってくる。

探偵する読書

なにかの折にふと疑問に思い、ずっと気にかかっていること。そういうものが誰にもある。

そんなものない、という人は思いだせていないだけのことだ。じつはずっと気にかかっているのだが、意識にのぼることはめったにない。だから、それが水面に浮上したときすかさず、メモする。

たとえば、殺人の被害者を捜索するニュースを見ていて、「ああ、日本人は死体を隠すんだな」と思う。なぜそう思ったかというと、アメリカの犯罪では死体はそこらに転がっていて、わざわざ隠したりしないのである。「へえ、不思議だな。どうして」と思う。

いっしょにニュースを見ている人に「なんでこんな違いがあるんだろう」と尋《たず》ねてみると「たしかにねえ、おもしろいねえ」という。そこで終わってしまうのである。水面の下にもぐって見えなくなってしまう。

こういう誰もやったことのないことを掘り下げ、視野を広げていくと、何が出てくるかわからない。おもしろいテーマなのである。こういうたぐいのことが誰にでもかなりの数あるはずである。

またこんなこともある。空海でいえば、十八歳で大学に行って、一年でやめてしまう。それから山に入る。ここに空白期間がある。そこでいろいろなことを考えたに違いない。気になった人を追って、すべての作品を読み、その人について論じた研究書を次々と読みあさっていくと、こういう「空白の何年」というものがある。

映画にもなったのでわりと知られているが、アガサ・クリスティの人生にも失踪《しっそう》の空白期間がある。謎の数年間。姿を隠してしまって、あるいは放浪して、その期間に何をしていたのかについての記述が途絶える。

知人の芭蕉ファン、良寛ファンに聞くと、芭蕉にも良寛にもそれがあるという。漱石にも三角関係に悩んだ青春期に「空白の四十日」と呼ばれている謎の時がある。それが人生を決定するものに思えるので、みんな知りたがる。

ところが記録が何もないか、あってもわずかな断片だけ。研究者たちは資料がなければそれについて口を閉ざすしかない。逆にいえば、想像力のはたらかせどころである。

ひとつの方法は、時代背景や周辺の人物を徹底的に調べてリアルにしていくことだろう。それに適しているのは、本よりもインターネットである。次々とたどっていくと、まさかというようなことを、自分の専門としてこと細かに調べている研究者とその論文にぶつかったりする。たくさんの副産物がある。

書くことでおもしろくなる

読書がもっとも充実して密度の濃いものとなるのは、それについて書こうとしているときである。書いたものの流通にはいろいろな通路がある。本のように不特定多数を相手に、書店という場を経由するルート。あるいはアマゾンなどのサイトを経由して読む人に届けるルート。それが本流かもしれないが、なにもそこに乗せようなんて考えることはない。

私がいま空海について調べ考えているものは、四千字程度のレポートにまとめられる。通信教育の学生としてそれを二年間に、スクーリングに通わない場合には二十八本書いて提出するのである。これだってひとつのルートである。

メールに添付して知人に流すルートだってある。実際、中学時代の友人たちと同窓会で再会してからグループの交流が復活した人たちの間で、それが行われているのを知っている。

書くというプロセスにはおもしろいことがある。ディスプレイを見て文章をつくっているときには見えなかったことが、紙に打ちだすと見える。書き終わって何度も読み、手を入れたものを知人に送る。すると送った瞬間から事情が変わる。また別の視点から見えるようになる。「あ、あそこに穴があった」とか。

さらに友人からリアクションがあると、思いがけない読まれ方があることを教えられる。その友人のひととなりの印象が変わる。そこからふたりの間の会話の様相も変わる。それまでとは別のレベルの層が対話をはじめるのである。

これらのことが起こるのは、自分で考えてそれを表現したからである。どこそこの書評コーナーで、誰それという著名な人間のいっていることを真似したりしているのではないからである。孤独力がはたらいたからである。実際、われわれのふだんの会話は、誰かの口真似で流していることがいかに多いことか。それもわかるようになる。

時代をさかのぼる楽しみ方

何冊も映画あるいは映画監督、撮影監督についての著書をもっている人に「いちばん好きな映画は」と尋ねたら「駅馬車」と答えた。ふだんはしんどい調査をかさねてむずかしいことを論じているのに、なんと素朴で明るい答えだろうと思った。若い時代に胸を躍《おど》らせた時間が戻ってきたからだ。

そういう時間をさかのぼる映画の楽しみ方もある。ジョン・フォードの西部劇のビデオを楽しんで観なおすのである。すると前には見えなかったものが見えてくる。自分が変わり、時代が変わったからである。大好きだった映画を観ていると思っていても、じつは自分の変化を見、時代の変化を見ているのである。

そこで考えたこと、あらためて調べたことをまとめてみると、同時代を生きてきたものは、強い共感を感じるはずである。それぞれの過去を語りはじめるはずである。孤独力は厳しくシャットされた個室に似ているが、同時にそんなふうに大きく開く窓をもっているのだ。

Ｂ級映画を観なおす。ある脇役の出ているものばかり観なおす。シリーズ化した娯楽映画を観なおす。すでに名画とされているものを別の国でリメイクしたものがある。それを比較してみる。人それぞれの思いつきがあり、視点があるだろう。キーは好きだという感情。それがなかったら続かないのである。

自然にひたりきったり、無常を味わったり……

毎日ひとの読まないものを読むことだ。毎日ひとの考えないことを考えることだ。毎日ひとがバカらしくてやらないことをやることだ。いつもひとと同じことをしていては、頭が劣化しますぞ。

——クリストファー・モーレー（作家）

大きなスケールにひたる

孤独力に欠けている男は、その会話で知れる。噂話《うわさばなし》、打ち明けばなし、自慢話。そんな話ばっかり。これらの話題は孤独力のなさをあらわしている。ユーモアがないのもそうであろう。

孤独力は、日常のスケールを離れることと関係がある。自分の利害得失と距離を置くのである。大きなスケールは、われわれが知らなくても存在している。サイエンスというものはだいたいそうである。逆に極端に小さなスケールを扱うものもある。

宇宙の生成と変遷《へんせん》。その空間と時間は想像を絶していて、いわゆる実感ではとらえることができない。地球の歴史だけでも四十六億年とかいろいろいわれている。しかし、「なぜ自分がここにいるのか」という疑問を科学的にたどろうとすると、どうしてもそこに至るのである。

自分はどこにいるのか。この疑問も同じことであろう。家のある住所をいってもしかたがない。それはどこにある、どこに。「どこに」をどこまでも広げていくと、まずは「地球」という生命を生んだ惑星に行きつく。そこには空気と水がある。どちらも循環している。つまり自分の体内を含めて循環しているのである。

自分がなぜここに存在しているのか。この自分は、何にささえられて、どのように存在しているのか。勉強というものが、ここからおもしろいものになる。わかってくるのは自分のことなのだから。そうはいっても、自分と関連づけて学ぶのはなかなかたいへんだ。いつになったら腑《ふ》に落ちるのか、まるで見当もつかない。

こういった勉強のなかに、ひとりで歩みいくのも孤独力である。はじめてみると、ひとりではないことがわかる。

どの一行の記述も、これらの問題に魅かれた誰かによる発見なのである。そういう人が無数にいるなかに、いま自分がまぎれこんだのである。なんとにぎやかな世界であろう。ここには孤独はあっても孤立はない。

図書館という宝庫

本は買わないと読めないという人がいる。その実態をもう少し詳しく聞いてみると、読んでいない本がかなりを占《し》めている。または、つまらないけど、金を払った以上もったいないから歯を食いしばって読んでしまうとか。効率の悪いやり方である。

図書館を利用しなれた人は大胆な選択をする。つまらなければ即日返却してまた別のものを借りればいいのだから。これまでの生涯で、一度もその前に立ったことのない棚からいいかげんに本を抜きだして借りたりする。まったく触れたことのない世界である。これがおもしろいのである。

産業の棚から『きんぎょ』という豪華本を借りたりする。なかに「金魚撩乱《りょうらん》」という岡本かの子の短編小説が収録されていたりする。おもしろい。ここから岡本かの子に入り、夫の一平《いっぺい》の世界に入り、息子の太郎の世界に入っていく。

気象学の棚の前に立ち、外国の素晴らしい写真で構成され、学者が最新の学説による解説をしている本を借りる。地球の全貌が見えてくる。するとすぐ隣に文明を気候の変動から論じた本がある。神話、古代文明の消長、歴史的事件、大きな戦争の帰結、これらが歴史学者とは異なった視点から論じられているのである。

道徳・宗教の棚の前に立つ。背表紙をしばらく眺めていると、なんとなくこの世界の全体が見えてくる。どれにも手を出す気がしない。しかし、それでいいのである。前に立ったということがあとで効《き》いてくる。なにかの折に思いだすのである。そういえば、こんなのがあったな、とか。それから借りればよい。

自分の開発されていない好み、自分にすら隠された希望、いまだ知らざるこれから進みたい場所、それらとの対話が、棚の前で静かに行われているのである。

自力が試される

行動しないではいられない人がいる。まとまった休みがとれれば石垣島《いしがきじま》にダイビングに行く。グライダークラブで空を飛ぶ。車にカヌーを積んで急流下りをしに出かける。冬はスキーである。それもゲレンデスキーではなく、山スキー。短めの山スキーをはき、道のないところを進んでいくのである。

ゴールデンウイークには、毎年新潟県の雪倉岳《ゆきくらだけ》に行く。ルートは、大糸線白馬《はくば》→栂池《つがいけ》スキー場リフト終点→登山→蓮華《れんげ》温泉→雪倉岳→大糸線平岩。蓮華温泉ロッジに泊まったり、テントを張ることもあった。

楽しみはいろいろある。オコジョ（ヤマイタチ）を見たことがあった。怖いのは雪崩《なだれ》。苦しいが登頂達成感は大きいのである。下山のシュプールは自由に描けるが、スピードの出しすぎには注意をはらわなければならない。とくにテント泊のときは荷物が二〇キログラムを超えるので制御しつつ滑《すべ》るのだそうだ。豪雪のときはＪＲ平岩駅まで滑った。山頂から三〇キロくらいあるので滑りがいがある。

うさぎの足跡を見ながら、尾根をわたっているとき、雪庇《せっぴ》を踏んでしまい谷底に転落した。たったひとりで、何時間もかけて尾根まで這《は》いあがるのである。助けてくれる人は誰もいない。だいたい、そこに汗みどろで斜面を登ろうとしている人間がいるなんて知る人はない。自力が試される。それが山スキーというものなのだそうだ。

そんなことをするのを好んでいる男の父親が倒れた。同居してはいるものの、ふだんは口をきくこともない関係であった。彼は父親を看病するプロセスでまた違った自然を知ることになった。

完全な自然は空にある

父親は高齢でもあり、快復の見込みもなかった。年齢的には大往生といってもいえないこともないが、最後まで病院に通い言葉をかけたかった。こういう病人は一定期間、病院で引き受けてくれるが、時期が来れば別の病院を探さなければならない。

移れば移るほど、彼の自宅から遠くなった。仕事を終えて、それだけで疲れきっているのに、山スキー男は残業を終えると、頑固《がんこ》に通いつづけた。終電で帰宅すると疲労困憊《こんぱい》した身体を横たえ眠る。明日が来ればまた会社に行くのである。このまま朝、目が覚めなければいい、そんなふうに思うことがあったという。

あるとき、病院に行くと、それまであったたくさんのチューブが引きぬかれ、父親は穏《おだ》やかな顔で眠っていた。「治《なお》ったの?」と思わずいってしまったそうである。葬儀が終わり、彼はようやく休息を得た。

テラスにロッキングチェアをもちだして、ゆったりと身を横たえた。見えるのは空。雲が流れていく。それを見ながら一日を過ごした。頭のなかにいろいろなことが去来するのである。自分は自然を求めて海へ、山へ、川へ行くのが常であったが、そこには完全な自然はなかった。どこかに人の影があり、なんらかの形で自然は管理されているのである。

完全な自然は空にあるのではないか。風、雲、雨、嵐、雷。地球という惑星に大気が生まれて以来、空にはそれらがありつづけていたのだ。天気という形でそれらを見てきたが、もしかして……。ある考えが浮かんだ。天気は人間の生活の背景と考えていたが、背景は人間のほうではないだろうか。

生きものは背景、点景として存在しているのではないか。ここにいっときやってきて、去っていくもの。そう考えるととても不思議な気持ちになる。

これは何に似ているだろうか。旅の一日。では、どこから来て、どこに去っていくのだろう。答えはない。これは何の入り口だろう。スピリチュアリティと呼んでもいい。自分自身への入り口と呼んでもいいと私は思う。

残り時間の計算に意味はない

人生を生きるうえでの第一番はなにか。成しとげたい目標をはっきりさせて事にあたることだ。

――パブロ・カザルス（チェリスト）

「いのちとは時間のこと」

私はこうしていいたいことがあり、本を書く。あなたは何かを求め、他人が書いた文章を読む。その求めているものは、実用的な生きるヒントかもしれない。その裏には、深い生存の共振を感じたいという気持ちがあるのかもしれない。

こういったかかわりが、いのちのかかわりである。ではいのちとは何か。そもそも、こういうむずかしい問題を考える必要があるのか、ないのか。その答えは明らかではないが、人間はずっと考えつづけてきた。存在とは何か。永遠の哲学的テーマである。

百歳を越えてなお現役の医師である日野原重明《ひのはらしげあき》先生は小学校に出むいて、いのちの授業をするという。そのとき、このむずかしいテーマをぶつける。「いのちって何でしょう」「いちばん大事なものは何でしょう」

子どもはいろいろな答えを出す。日野原先生は「いのちとは時間のことです」と話すそうである。

存在と時間。西洋の哲学者も、東洋の高僧も「存在とは時である」という。むずかしい。凡人は避けたほうがよさそうな話題である。しかし気になる。大事なことを知らずに人生を終えてしまうのも残念だ。しかし、こういうときは、正面から迫らずにおおように脇道に遊ぶにかぎる。性急な答えを求めないで、自分にあった歩調で半歩だけ前に進む。

われわれの日常生活のなかで、ふと感じるものを拾いあげることからはじめるのがよさそうである。できるだけ小さなこと。意味なんてなさそうなばかばかしいこと。たとえば次のようなこと。

約束の時間

ある年齢になると、人生の残り時間を計算しはじめる。だいたいは四十になったとき。あるいは五十の声を聞いたとき。「あと何年生きられるだろう」「残り時間にできることは何だろう」。人生の折り返しを意識したときである。

いのちは算数のように計算できるという前提が、ここにはある。「何年」を「何分」に計算しなおす人もいる。「秒」にして数えてしまう人もいる。この前提でいのちをはじきだす人は、楽しい顔をしていない。ここには何かの間違いがあるのではないだろうか。

全然、別の話である。人と会う約束をしたとき、その約束の時刻ぴったりに滑りこむように時間を組みたて、それまでは家でやれること、やりたいことを次々とこなし、結局約束に遅れる人がいる。空虚な時間がきらいなのである。こういう人には、たとえば紅茶がいっぱいに入ったカップをテーブルの端ぎりぎりに置く傾向がある。

一方で約束するとその時間が気になって、たっぷりすぎる余裕をもって出かける人がいる。三十分も四十分も前に相手は来るわけはないから、時間をつぶすのに苦労する。そのとき「時間よ、早く過ぎろ」としきりに時計を見る。こういう人はテーブルの端ぎりぎりに置いてあるカップを見ると、そっと安全に思えるスペースに動かす傾向がある。

どちらも時間を計算するが、その計算のしかたに異なる個性がある。

ドストエフスキーの体験

また全然、別の話である。ドストエフスキーは、その小説のなかで、死刑執行される囚人が、刑場に引きだされるときの話をくり返し書いている。彼には、政治犯として逮捕され、死刑判決を受けた経験があった。まさに銃殺の引き鉄《がね》が引かれようとしたそのとき、皇帝の恩赦でシベリア送りとなると告げられた。

いのちをもてあそばれたのである。残酷きわまる権力者のいじわるである。ドストエフスキーは、このエピソードを時間の問題として小説に描いた。たとえば『白痴』（木村浩訳「ドストエフスキー全集9」新潮社）では、主人公のムイシュキン公爵が訪問先でこんなことをしゃべる。

……まあ、ひとつ考えてみてください。たとえば、拷問《ごうもん》ですがね。この場合は、その苦しみも傷も、すべて肉体的なものですね。ですからそれはかえって心の苦しみをまぎらしてくれるんです。ですから、死んでしまうまで、ただその傷のためにだけ苦しむわけです。でも、いちばん強い痛みというものは、きっと、傷なんかのなかにあるのではなくて、あと一時間たったら、十分たったら、いや、三十秒たったら、いまにも魂が肉体から脱けだして、もう二度と人間ではなくなるんだということを、確実に知る気持ちのなかにあるんですよ。肝心なことはこの確実にという点ですよ。……

また別のシーンではこんなおしゃべりをする。

……それからいよいよ、処刑台まで町じゅう引きまわされるのです……いや、そのときになっても、まだ町じゅう引きまわされているあいだは、まだまだ無限に生きていられるような気持ちがするにちがいないと私には思われます。その男は道々こんなことを考えたにちがいありません。《まだ先は長いぞ、まだ通り三つ分だけ生きていられるぞ。この通りを通ってしまっても、まだあの通りが残っている、それから右側にパン屋のある通りも残っているじゃないか。……まだあのパン屋まで行くには、ずいぶんかかるぞ！》……

さらに公爵のこんなおしゃべりが続いていく。

……まわりには、大勢の群集、叫び声、ざわめき、何万という顔、何万という眼……こうしたものにみな耐えていかねばならないのです。しかし、何よりも苦しいのは、《ここには何万という人間がいるのに、誰も死刑になる者はいないのに、このおれだけが死刑になるのだ！》という想いです。……

こうして引用していると、私はどうしても終末期医療の問題が頭を占めてくる。究極の孤独な人間がここに描かれているのである。

苦しみに耐えながら時間をこまかくこまかく刻んでいくのは、そうせざるをえないからである。こんな状態に、孤独力はどう介入できるというのだろうか。

時間を圧縮するプロ

一方で、楽しんで時間をこまかく刻んでいく人もある。料理が好きで、ものすごいスピードで同時に何品もの料理を仕上げる。おなかをすかせて待っている人がいる。「ちょっと待ってろよ」というや、野菜を刻む。フライパンに油を入れて熱しながら、冷蔵庫から各種の食材を取りだし、深鍋に水をなみなみと入れて火を入れる。

必要な調味料類がずらっと目の前に並ぶ。炒めものがすんだときには、蒸しものの支度がすでにできている。自分でつけたピクルスが皿に盛られる。こんなぐあいに曲芸のように次々とできあがっていくのである。

この男の頭のなかには仕上がりのイメージがあり、それらを同時進行させるフローチャートが浮かびあがっているのである。時間を圧縮して無駄な時間を一秒とつくらない。彼の最高の仕上がりは、すべての皿が料理で満たされたとき、洗いものが同時にすべてすんで、きれいに整理されていることである。

プロの職業人はみんなこれをやっている。道路を一部だけ切りとるように掘り返し、舗装しなおして、その上に交通標識をペイントするような工事を見ていても、ほれぼれするような無駄のなさを感じる。作業員たちはみんな自分のやるべきことがわかり、いつどこで参加するかがわかっている。

これは何度も手なおしされ、完成されていった時間の管理の姿であろう。

それ以外は一切しない四時間を過ごす

ものをつくる場合、もうひとつの時間との関係のしかたがある。つくるのは一回きり。しかもはじめて。それどころか誰もいままでにつくったことのないものをつくるのである。いわゆる創作といわれるものの時間のあり方である。

何かをしたいということはわかっている。それが何かはわからない。取りかかるときには、自分にはとてもできそうもないと感じる。どうしたらいいのか。私は、芸大の作曲科で学ぶ人にこんなことを聞いたことがあった。

「作曲の試験てどうやってするんだろう。家で仕上げたものを提出するのだろうか」

そう尋ねると意外な答えが返ってきた。試験問題が出て、ひとりひとり個室に閉じこめられるのだそうだ。五時間とか六時間とか、そこから出ることは許されない。その人はこういった。

「絶対できないと思って部屋に入るのに、時間が過ぎて出てくるときにはみんなできているんだ。ほんとうに不思議なことに」

ハードボイルドの作家、レイモンド・チャンドラーの話を思いだす。インタビューに答えて、チャンドラーはこんなことをいっていた。質問は「小説はどうやったら書けるのだろうか」というものであった。

小説を書きたいと熱烈に思うこと。これが出発点となる。そして小説を書こうとする以外のことは一切しない四時間を過ごしなさい。

小説を書こうとして、頭に血を集めるために逆立ちをすることはいいだろう。しかし、小切手を切るような、ほんのちょっとでも別の頭を使うことはやってはいけない。書けなくてもいい。書こうとして、書こうとする以外のことは一切しない。しそうになったらすぐそれをやめる。毎日この四時間を持続すれば、あなたは書きだしているでしょう。

われわれが新しい人生に踏みだそうとして、それが何であるかわからないとき、思いだしてみたい話である。時間を幅で設定して、未知のもので満たすのである。たったひとりで考えるのである。これが孤独力と時間との関係である。残り時間を計算することには意味がないことがわかる。

第四章　孤独力は究極のささえ

からっぽになれる強さをもっているか

すばらしい人生にする三つのこと。学ぶこと、稼ぐこと、そしてあこがれること。
——クリストファー・モーレー（作家）

アイデンティティの愚かな側面

アイデンティティとはその人の誇りのありかである。それがなければ生きていけない。自分をかろうじてささえているのがアイデンティティである。ところが、これには愚《おろ》かしい側面があるのだ。

わが友人はこんなことをいった。

「人と会ったとき、こいつと俺とどっちが上か、というような判定をしようとしている自分を感じる。その判定とやらは、これでは負けているし、あれでも負けているけれど、ではこのことではどうだろう、ほら俺のほうが上だ、やっぱり俺が勝っている。そういう道筋をたどって、必ず自分を勝ちに導く。

この思考はとてもばかばかしいものだし、ちっとも正しくない。でも心のどこかで、自分に隠れてまでそんなことをする力がはたらくのを感じる。他人がそうやっているのも感じる。動物的な何かである。そうでもしないと、自分をささえられないし安定を保てないらしい。

事実、心が弱くなってすっかり自信をなくすときは、自分の勝ちをどこにも見つけられなくなっているときだ。この世の全員に全敗だ。俺はダメなやつだとしょげかえってしまう。自殺まで考える。

猿はマウンティングという行為をする。交尾のスタイルで後ろから相手にのしかかる真似をする。マウンティングしたものが上位でされたものは下位であるという確認らしい。猿の場合は集団の秩序をその順位づけで保つのかもしれない。

これは誰もが見えるところで行われ、誰もが承知することに意味があるようだが、人間の場合はひとりひとりの心のうちでひそかに行われ、集団には隠されている。それを一気に明らかにするなら、みんながいっせいに、俺が一番！　あたしが一番！　と叫ぶことになるだろう。

なんだかすごい世界だ。ここが人間と猿の違いで、人間の世界ではこれをプライドと呼ぶ」

ではその人のプライドなるものがなんなのかといえば、じつにつまらない話なのである。プライドはアイデンティティの危機の際に強く意識されるものである。

「たとえば」といって、彼はおかしな実例をあげた。

プライドの正体

「まっ昼間、家の前に男が倒れていた。泥酔《でいすい》しているようだった。その男は朝夕、スーツをきちんと着て、黒い鞄《かばん》を提《さ》げて通るので見知っていた。どこの誰かまではわからない。住宅街とはいえ道路のまんなかに寝ていてはあぶない。それで肩を貸して道のわきに引きずり、隣家の玄関の上り口の階段に座らせた。男のポケットからウイスキーと焼酎の中瓶が転がりでた。

男は『君は何ものだ』『自分はニューヨークに駐在したことがある』なんてろれつのまわらない口でしゃべっていたが、酔いを冷ましてから帰ったほうがよいと落ちつかせた。

それから小一時間ほどたって、いないのを確認しようと家の前を見ると、頭から血を出して前以上の惨憺《さんたん》たる姿で引っくり返っていたのだった。道のはじに引きずってから、救急車を呼んだ。道には血だまりができていた」

その日はウイークデイだったから、なにかの理由で家族がいない家で酒を飲みつづけていたのだろう。それでも足りなくて買いに出た帰りだったのだろう。男は品のある美男子で五十歳前後。帰ろうと立ちあがったところで、よろけて頭を激しくアスファルトに打ちつけたに違いない。

救急車が来た。救急隊員がいろいろ質問をする。そこで奇妙なことが起こったのだった。男は突然英語をしゃべりだした。車のなかに入れられてもまだ英語が聞こえていた。これが、男が自分をささえているプライドの正体である。

「俺はニューヨーク駐在員であった」「俺は英語がしゃべれるぞ」……ふだん、ひそかに誇りに思っていた個所。自分をささえるアイデンティティのありか。それが醜態を取りつくろおうとして飛びだしたのである。

この男の場合は五十歳ほどの現役であったが、退職した人間でもまだプライドの誇示《こじ》は続くのである。知人から聞いた話として、彼はこんなエピソードをつけくわえた。

「マンションの清掃の現場で、みんなをあきれさせた出来事があった。その男は老人とはいえないしっかりした人で、まじめに仕事を覚えようとしていたそうだ。ある日、同じグループの婆さんに雑巾のことで注意された。すると突然、俺は銀行につとめていたんだ！　といい返した。みんなが大笑いしていいようなディスコミュニケーションである。返事になっていない。なにか悲しい話じゃないか」

素裸のみごとな個人が姿を現すまで

このふたりは、孤独力を育てることに失敗してきたのだと思う。社会的に得意の絶頂にある人も同じ落とし穴に落ちる。タクシーの運転手を蹴《け》るたぐいの、愚かしい暴力事件がときどき報道される。これもまた悲しい姿である。

孤独になるとは、その人のさまざまな社会的属性を引っぺがし、捨てていくことである。そのはてに素裸のみごとな個人が姿を現す。考えてみると、われわれの社会ではこのプロセスを習う機会がないのである。

しかし、まったくないわけではない。たとえば禅《ぜん》ではその素裸のみごとな個人を獲得することを「見性《けんしょう》」と呼んでいる。座禅はそのためのプロセスなのである。

神経衰弱に悩まされたとき、漱石は鎌倉の円覚寺《えんがくじ》に座禅を組みにいっている。その経験はのちに『門』という小説の一節に描かれている。見性にふれた個所を引用してみる。

紹介状を貰《もら》うときに東京で聞いたところによると、この宜道《ぎどう》という坊さんは、大変性《た》質《ち》の可《よ》い男で、今では修業も大分出来上がっていると云う話だったが、会ってみると、まるで一丁字《いっていじ》もない小廝《こもの》の様に丁寧であった。こうして襷掛《たすきがけ》で働いているところを見ると、どうしても一個の独立した庵の主人らしくはなかった。納所《なっしょ》とも小坊主とも云えた。

この矮小《わいしょう》な若僧《じゃくそう》は、まだ出家《しゅっけ》をしない前、ただの俗人として此所へ修業に来た時、七日の間結跏《けっか》したぎり少しも動かなかったのである。仕舞には足が痛んで腰が立たなくなって、厠《かわや》へ上る折などは、やっとの事壁伝いに身体を運んだのである。その時分の彼は彫刻家であった。見性した日に、嬉《うれ》しさの余り、裏の山へ馳け上って、草木国土悉皆《しっかい》成仏《じょうぶつ》と大きな声を出して叫んだ。そうして遂《つい》に頭を剃《そ》ってしまった。

これが見性体験である。「草木国土悉皆成仏」とは、「あれが仏、これが仏なんてもんじゃなかった。ありとあらゆるものはみんな仏の顕《あらわ》れだったのだ。俺自身がなんであるか、今、ついにわかったぞ！　これが素裸の俺だったのか！」というくらいのことか。

私にはよくわからないが、座禅というものは孤独力に到達するためのひとつの貴重な教育システムであろうと思われる。そしておそらくその道はひとつではない。漱石は座禅を経験したが、この境地に至ることはなかった。そしてそのかわりに自分の仕事である小説を書きつづけていった。

三角関係という自身にとっての切実なテーマを、生涯あくことなく追いつづけた。そのはてに一種の境地と呼んでいいところまでいったのである。その境地は、人間というものの素裸な姿と関係があると思われる。

好きなことに打ちこむ

社会的な属性を捨てていくことである種の自由が手に入る。こんなことをいったところで、とてもむずかしそうで、どこから手をつけたらいいかわからない。われわれの日常の喜びに即したやり方が、何かあるはずである。

問題はとてもシンプルで、それはこんな姿をしているのではないか。社会的たてまえやら社会的序列やらから自由になって、好きなことに打ちこむこと。こういいかえていいのではないか。

その人はある大学の法学部を出て建設会社に入り、営業マンとして壮年期を生きてきた。生き馬の目を抜くような荒っぽい世界である。

少々それにも疲れを感じ、あるときマンションの管理人に転職した。このごろはフロント・マネージャーと呼ぶそうだが、窓口の奥にひとりで座っている人である。彼には時間がたっぷりある。

居酒屋で、知りあった連中と飲みながら話していたときのことである。自分の職を聞かれて「管理人だよ」と答えた。いろいろな出来事をしゃべっていると、みんなおもしろがった。

ちょうどテレビで、「家政婦は見た！」というミステリードラマが好評のうちに終わったときだった。ひとりの酔っぱらいが「管理人は見た」って小説が書けるんじゃないのか、そういった。

それが天啓となったのである。ふだん小説を読むこともないその男は、いきなり小説を書きだした。彼には書きたいことがあった。

九階にすてきな奥さんがいて、いつもにこやかに話すので「感じいい人だなあ」と憧《あこが》れていたのである。それがきっかけになった。バツイチ独身の管理人が、マンションの住人のすてきな奥さんと結ばれる。モデルは自分とあの人。実際の彼は、結婚していて二十歳すぎの娘さんもいるのであるが。

居酒屋の常連として知りあったフリーの編集者に、書きあがったそれを読んでくれと渡した。私はその編集者からこの話を聞いたのである。

すさまじいものだったそうだ。こんなものをいまだにもっている人がいるのか、というような古いワープロが使われていた。行間がほとんどなく、漢字ばかりが目立つ文字の団子である。縦に読むのか、横に読むのか。段落の頭の一字落としもなく、ゆえに段落もわからず、接続詞、副詞、なにもかも漢字に変換してある。

書く目的がはっきりしているから、そのために都合のよいことが次々と起こる。脈絡もなく、マンションのちょっとした事件が挿入される。バイオレンスあり、エロあり、童話あり、怪談あり、ファンタジーあり。

思いついたことが整理されないままに書きこまれている。憧れの奥さんはＤＶ（家庭内暴力）で救いを求めてくるし、その旦那は強盗に刺されて死ぬし、めでたく結婚して新婚旅行に行った先でハイジャックに遭遇するし、そこで主人公は活躍するし、なんでもあり。

「これは大人のお伽噺《とぎばなし》だな」フリーの編集者は思った。編集者というものは、その人のいちばんいいところを探す職業なのである。「人に読んでもらうなら、その人が読みやすいようにしなければ」からはじまって、いろいろアドバイスをした。それからついでにこんなことをいった。

「マンションて幸福の城だよね。梅川事件て覚えてるかい。あれは銀行で起こった凄惨《せいさん》な事件だったけど、おたくのマンションの広いガラス張りのエントランスでそれが起こったらどうなるだろう」

「あっ」と彼はいって、すぐに第二作を書きだしてしまった。自分では気づいていなかったが、空想家だったのである。

誰にもこういう眠っている能力があるのではないか。社会的なクビキから解き放たれる、そんな能力のことである。彼は編集者にいわれて小説を読みだした。図書館に行く習慣ができた。朝、起きて書き継ぐのが楽しみである。

居酒屋で言われたひとことが、新しい自分をささえるようになったのである。彼は、このむちゃくちゃな小説を書きまくった果てに、やはりどこかに到達するに違いない。それは社会的評価を離れても、素晴らしい旅といえると思う。

思いやりも孤独から生まれる

男なら、おおぜいのなかにいて、ひとりになれないといけない。必要とあれば、ほかの者全員を相手にして立ち向かう。それがほんものの男である。　――ロマン・ロラン（作家）

女性の心に寄りそえるのは

人にやさしい言葉をかけるのが思いやりではない。その人が「もういいよ、大丈夫だから」というまで、そばにいることである。こんな経験を話してくれた男がいる。

休日になると、電話がかかってくる。女性からであった。その女性はかつての上司でいろいろめんどうを見てくれた人だった。その人は別の職場に移り、そこで排除されて苦しんでいた。そういう噂《うわさ》はなんとなく耳に入っていた。

電話の用件はなかなかわからなかった。なにか身辺に探りを入れるようなことを聞いたかと思うと、突然「車、いらない？　弟のＲＸ７があるの」という話になる。「いらない」と答えると、「うちに来て」といいだしたりする。彼は黙って答えなかった。

あるときは、会社のそばに引っ越したいから家を探して、と頼んでくる。私は動けないから、という。具体的に八丁堀あたりというので、彼は用事があるついでに不動産屋をまわった。

いくつかの物件をメモして、次に電話があったときに、それを伝えた。すると、「ほんとに探してくれたの」と驚いたような声を出す。すべてに脈絡がないのである。

精神が不安定になって休職状態だという話が耳に入る。それをのみこんで、彼は心を決めたそうである。もう俺しか話ができる人がいないのだ。それならそのつもりで相手になろう。

そのあたりから、彼女は心のうちをぶちまけるようになった。母親との葛藤《かっとう》。仕事の話は決して口にしなかった。彼は黙って、ただ「うん、うん」とだけ返事をして耳をすませた。どんなに電話が長くなっても、受話器を握る手が痛くなっても、受話器を押しつけた耳が痛くなっても聞いていた。

同じ話が何度もくり返される。母親に対する憎しみ。心のなかがもつれきっていた。数えきれないほど聞かされたあるときには、「そんな母親は殺してしまえ」と怒鳴りつけたことがあった。彼女は幼女のように悲鳴をあげた。

何度も「うちに来て」と懇願《こんがん》されたが、無視した。若いときに結婚して離婚して以来、ひとりで仕事に打ちこんできた男である。心のなかのもつれの原因がなんだかはわからなかった。わかろうとするのをやめていた。ただ「うん、うん」といって確かに聞いているということだけを伝えていた。

私はこの話を聞きながら、彼にも同じような経験があるのだなと思った。それを通過して、ある種の孤独力を手に入れたのであろう。そうでなければ、こういう態度はとれないものである。

この話の終わりはハッピーエンドである。しばらく電話が途絶えたあと、別人のような平静な声で電話があった。「洗濯機のなかにじゃがいもが放りこまれて、あっちにごっつん、こっちにごっつんしていたみたい」といって笑ったのである。

この話をしてくれた男は、「いやあ、いまだに彼女のなかに何が起こったのか、さっぱりわかりません」といって、愉快そうに笑っていた。

比較をする人、しない人

孤独力で強さを身につけた人だけが、思いやることができる。弱者には思いやりは無理である。他人の失敗の喜びを食べて、それを生きがいにする。弱者はお節介はするが、思いやる能力がない。弱者の生きる動力は嫉妬《しっと》なのである。

孤独力は強さである。このことは逆に表現することもできるだろう。弱者とは孤独力がない者のことである。孤独力のない弱者は、自分同様の、あるいはそれ以下と思える弱者を必要とする。そこにひそかな喜びを感じているから、相手が苦しみから脱することを望んではいないのである。

弱者の喜びには、必ずといっていいほど、比較による喜びがひそんでいる。優越する喜びがひそんでいる。孤独力のある人の喜びは、そういうところにはない。自分が決めた目標を自力で達成する喜びである。その世界には、そもそも比較すべき他人はいない。

孤独力のある人間にとって、思いやりとは何か。何をどう思いやるのか。私はこんなふうに思っている。苦しみ、悲しみは何かの不足している状態のことである。不足しているものは喜びだ。そういう目で人を見ているのではないだろうか。

喜びのない状態は苦しい。孤独力のある人間はそう受けとめる。そのつらさをわかってあげることはむずかしい。ただ、そういう状態にあるということを、見のがさないようにすることはできる。

孤独力のある人間にとって、喜びが自分で決めた目標を自力で達成することにある以上、助けることはできない。何もできないのである。せいぜいいっしょにいてあげること。行動するのは、相手自身である。

その相手が自分の力で立ちあがったとき、もう役目は終わったのだと思う。そのことを喜ぶ。つまり必ず、喜びをもって終わるのである。その喜びは両者に同時に起こる。

もうこれ以上いうのは蛇足《だそく》と思うが、弱者の喜びは一方的だ。困難に直面していた人が問題を解決して喜んでいるとき、思いやるふりをしてお節介していた者からは喜びが消える。これが結末である。そんなときには、お節介者の目には憎しみが浮かんでいるのであろう。

死と向きあう力

うまくやりたいのか。それなら自分でやれ。

――ナポレオン一世（フランス皇帝）

がん患者への告知

がん患者への告知は、いまどうなっているのか。以前に比べれば、本人への告知の傾向が強くなってきている。世論調査によっても、いまでは九〇パーセント以上の人が、「がんになったら教えてほしい」と告知を希望するようになってきた。

インフォームド・コンセントというプロセスも、やっと日常的になってきた感がある。自分が受ける検査や治療について、目的や危険性も含めて説明を受けて同意するという医療上の契約である。

しかしいまだに、とくに予後の悪いケースでは、医師は、患者本人ではなく家族に伝えてしまうことがある。「予後が悪い」とは、手術ができない、肺や脳に転移しているなど、今後の経過はよくないという意味である。

それはこんな流れで伝えられる。

「ご主人に、もう手術ができないような大腸がんが見つかりました。どうしますか？　ご本人に伝えますか？」と、医師が家族にまず話してしまう。本人より先に、家族の希望を聞くのである。

するとｒ「ああ見えても、家の中ではいちばん気が小さいんです。悪い情報は希望を失わせますから、伝えないでください」と答える家族が多いのである。医師は「わかりました」といって、カルテに「家族の強い希望で、本人には告知しないこととする」と書きこむ。

どこか間違っていないだろうか？

世の中、「個人情報」という言葉が蔓延《まんえん》していて、何かあるたびに「それは個人情報ですから」という壁が立ちはだかる。では、「ある人間にがんが見つかった」という情報はなんだっていうのか？　これこそ、「第一級の個人情報」である。それが個人の許可なく、家族に伝わるのである。

従来の固い絆《きずな》で特徴づけられた日本の家族関係・家族構造が、このようなことを許容してきたのである。これはれっきとした「個人情報保護法違反」である。しかし残念ながら、いまだにこの傾向は残っている。

また、比較的若い医師は、九〇年代中頃に輸入されたインフォームド・コンセントというプロセス（医療上の契約）に慣れているので、病名を告知することが多くなってきたことも事実である。けれども、予後告知、すなわち「今後どのくらいの時間生きられるか」については、いまだに言葉を濁《にご》す医師は多い。

ショックを受けるから、可哀相だから、という気持ちがあるのかもしれないし、その後の「心のサポート」に自信がないのかもしれない。しかし私は、「残された期間が短ければ短いほど、その方と家族にとっては大切な時間であり、その時間を誰も奪いとることはできない」と強く思っている。

残された時間をいかに過ごすか

人は、そんなに弱い存在ではない。ひとりで生まれてきたので、ひとりで死ぬことも知っている。人生の最後に、自分の人生の残り時間を伝えられなかったり、嘘《うそ》をつかれていたとしたら死にきれない。たとえば「二ヵ月間……うまくいけば三ヵ月くらいかもしれない」と医師に告げられたら、人はどうするのか?

その二ヵ月間を、ずっと泣きつづける人はいない。二ヵ月間のうちに自殺してしまうことも考えにくい。自分なら、その二ヵ月間に、自分の人生のふり返りをして、みんなに感謝して、穏《おだ》やかにその日を待ちたい。「濃縮した」短い時間を過ごすが、時間や日数が問題ではない。濃厚な時間が大切なのである。

孤独力が強くはたらいている末期患者らは、友人を呼び、親戚を呼び、別れを告げ、「ありがとう」といいたいのである。その時間を医師が奪ってしまってはいけないのだ。

家族も、大切な人生のふり返りや、感謝の思いを伝えあう時間を奪ってはいけないのである。残された家族は、伝えなかったことにどこか罪悪感を感じながら、いずれ死んでいく。そのとき合わせる顔がないだろうに……と、私は思っている。

ある大手の船会社の労働組合の委員長をつとめていた男の話である。中学、高校といっしょだった同級生が語るには、中学一年生の彼は目がくりくりしたかわいい少年だった。スポーツ万能でかっこよかったが、教室で身も世もなく泣く少年でもあったそうだ。

たとえば、英語のテストがあって、教師が隣同士でテスト用紙を交換させ、正解をいっていく。子ども同士で採点まですませ、その点数を読みあげさせる。いつも彼の点数はよくなかった。それが悔《くや》しくて涙をぽろぽろ流し、泣きじゃくるのである。

組合員から慕《した》われ、経営者に信頼されて、長く委員長をつとめていたが、彼の奥さんががんで亡くなって間もなく、自分のがんが見つかり、闘病に入った。あといくばくもないとわかったとき、看病していた娘たちに自分の友人に知らせてくれといった。

みんなにお礼をいいたい。彼は、自分の胸の内を開けひろげることができる感情の豊かな大人になっていたのである。

友人たちは驚いた。「お礼をいいたい」といわれても、死を受け入れた人にどう対応すればいいのか、そんな経験がないのである。数人で語りあわせては訪ねていった。ある者は言葉少なに枕元で過ごし、ある者は昨日も飲み明かしたばかりのようにざっくばらんにふるまった。

病人はやつれていたが、すぐそれになじんだ。病状の話が出たり、少年時代の話が出たりした。沈黙のときもあったし、冗談もとんだ。病室を出ると、もう会えないとわかっていたから、別れ際は誰もがていねいに時間をたどった。

人生全体からいえば、ほんのわずかな時間であったが、会いにきて感謝の言葉をいわれ過ごしたその前と後とでは、何かが変わってしまったような気が、みんな一様にしたそうである。

捕物帖を書く男

これはまた別の男性の話である。ある年の年賀状。彼の友人たちが受けとった葉書には見なれた筆跡の万年筆で俳句がつけ加えられていた。「ガン告げる医師の机の桔梗《ききょう》かな」。彼は前立腺がんにおかされ、骨に転移していた。半年ほどしてひとりの友人のパソコンにメールが届いた。

夜、眠れないままにいろいろなことが頭に去来する。君と昔遊んだころのことがいくつも思いだされた。このメールを打ち終わったいま、送信ボタンを押そうか押すまいかさんざん迷ったけれど、押すことにする。そんなことが書かれていた。

その友人は彼に会わなければならないと思い、自分の近況を送った。これまでやったことのないことをはじめようとしている。それは捕物帖を書くことだ。それは半分は本気、半分は冗談のようなものだった。会えるようであれば会いたいと結んだ。

尿道にカテーテルをさした彼と家の近くで会った。「捕物帖の話を聞かせてくれ」といった。いっしょに書きたいというのである。さらに半年たった。彼は江戸のある時期のある人物の周辺をネットで調べまくり、物語の概略をつくっていた。ふたりはまた会った。それは捕物帖というよりも恋愛小説のようだった。

この半年、ほんとうに楽しかった。そういった。捕物帖をいいだした友人のほうは、もうこの話は彼にまかせようと思った。なぜなら、彼の書こうとしている話には、妻への感謝がこめられていると感じたからである。

彼はこんな話をはじめた。それは墓のことであった。妻と墓を買おうといろいろ調べていたが、安い集団の墓園が見つかって買ったそうだ。そこには樹が一本植えてあって、それだけである。

いま書こうとしているものは、もうひとつの自分の墓標だといった。このふたつが揃ったので、とても充実して安らかだといった。完成したら読ませてくれといって別れた。

そのあとのことは私は聞いていないが、前の話の男性も後の話の男性も、みごとな孤独力の人だと思う。

私はこのふたつのエピソードを聞いたとき、孤独力のある人は、いい友人をもっていると思った。その素晴らしい実例だと感じた。

存在感のある生き方

昔、演出家がよくいっていた。「なにかやればいいってものじゃない。そこに立ってろ」ゲーリー・クーパーは、なんにもせずにただ平然としていた。

――クリント・イーストウッド（俳優）

存在感を感じる人

孤独力が、自分の人生にどんなはたらきをするのか。それをいろいろな角度から考えてきた。では、孤独力は他者の人生にとってどんな意味をもつのか。ここではそれを考えてみたい。

「存在感」という、われわれがよく口にする言葉がある。私には、これがどうも孤独力と関係しているように思えるのである。

四人の知人に尋《たず》ねてみた。存在感とは何をさしていっているんだろうか。存在感のある男を思いだしてみてくれ。このふたつが質問である。

ひとりの男はこう答えた。

「スクリーンの端っこで、決してまんなかではなく、壁にもたれながらテンガロンハットをいじっている男。ガムを噛《か》んでいる不敵な顔つき。ウォーレン・オーツだったか、たぶんもう亡くなった米男優。脇役でいい味、出してたな。『夜の大捜査線』で署長ロッド・スタイガーの部下を演じてた。見た目いやらしくダサイけれど、ライ・クーダーのギターの渋い音色にはぴったりの雰囲気。この映画に出てくるシーンではなく、イメージ。ガムより噛みタバコだね。まったく思いつくままの個人的見解だけど」

もうひとりは、こういった。

「知識、経験の深さ、言説において、その人の代わりはいない、ということ。存在感を感じるのは……今上陛下《きんじょうへいか》、大滝秀治《おおたきひでじ》、イチロー……あたしゃ、右翼か？」

三人目の答えはこうだった。

「よくわからないけど、イメージの問題じゃないかな……。いい悪いは別にして、いるだけで何かをもってそうなイメージを醸《かも》しだしている人。あるいは、ボス猿に人間的なカモフラージュを施《ほどこ》した人。しいてあげれば、小沢一郎《おざわいちろう》氏、フィデル・カストロ氏」

最後の男はこう答えた。

「ある分野で活躍した、あるいは活躍中の人を指す、相対的ないい方じゃないだろうか。明治維新の人物でいえば、西郷《さいごう》、大久保《おおくぼ》、木戸《きど》。政治家でいえば、吉田《よしだ》、岸《きし》、池田《いけだ》、佐藤《さとう》、田《た》中《なか》、中曽根《なかそね》、小泉《こいずみ》。世界を見わたしていえば、オバマ、プーチン、胡《こ》。芸能界ならやっぱり美空《みそら》ひばりだろう」

彼らの感じ方を並べてみるとこうなるだろう。「独特の雰囲気があり、その人の代わりになれるものはいない。何かもってそうで、実際に活躍してもいる」。そんな人が存在感のある人ということになるのか。

あげた人物には、それぞれの関心のありかがあらわれていると思う。

この答えには、ある共通点がある。いずれもなんらかの媒体《ばいたい》を通してのイメージ、人物だけがあげられていることだ。おそらく身近にもそういう人はいるのだろうと思うが、他人は知らないからその答えは出てこない。

ただ黙ってしまうとき

孤独力は外側にあらわれる。それは雰囲気であり、たぐいなさへの称賛であり、何かをもっていそうだという期待などである。畏怖《いふ》も少し入っているようだ。孤独力のもち主は、自分がどんなふうに感じとられ、受けとめられているかは知らない。孤独力は評判には関心がないからである。

われわれが自分の暮らしぶりを思いだしてみると、他者からのさまざまなよい影響を受けていることがわかる。たとえば、何かに迷ったとき、「あいつだったら、こんなときどうするだろうか」そう考えることがある。

その人がいるだけで落ちつき、闘志がわいてくる。そういう頼もしい人物がいる。浮き足立つのをおさえる碇《いかり》のはたらきをしてくれる男。弱りきったとき、会うと落ちつきが取り戻せる。そういう人物である。

私には、これらが、孤独力の他者に与える力に思える。横山大観《よこやまたいかん》は、いい絵とはどんな絵のことかと尋ねられたとき、「その絵の前に立ったら黙ってしまう。それがいい絵だ」と答えた。

私は、この言葉から孤独力を連想する。その人の孤独力を感じたとき、人は面と向かって称賛したりしない。黙ってしまう。

その人の孤独力が言葉を発すると、その言葉は強く印象づけられるが、相手はただ黙っている。そして、ずっとずっとたってから、「あのとき、こんなことをいったな」とか、「あのときの言葉でどんなに救われたかわからない」などといわれるのだが、当人はたいていはそれを覚えていないのである。

そういう意味では、孤独力はアドリブ力だともいえる。そのとき、その相手、その心の状態にぴったり寄りそって反応しているのである。相手をはねつけるのではなく、どんなことでも、どんな状態でも寄りそうことができる。

人のためになるということが、われわれが生きる根本である。商売は人のためになる商品をつくるから、赤の他人さまが財布を開き、大事なお金を渡してくれるのである。

ところが、人がほんとうに助けられたと思うのは、「ありがとう」の言葉も出てこないで、ただ黙っているときのような気がする。こちらの話は、利益の交換ではないのである。

第五章　空海の生き方、死に方に学ぶ

人生は長さではない

会って親しく話すことが大事なのではない。同じ志を抱いてそれぞれひとりで歩んでいくことが大事なのだ。

——空海（宗教家）

死を思っていた時期

食べものを断ち、水を断つと人は死ねるのか。死ねるのである。安楽死なのか、尊厳死なのかどうかは私にはわからない。衰弱していって血圧が下がるという死に方だと思う。

末期の患者をみとっていると、最後は腸閉塞《ちょうへいそく》や意識障害になり食べなくなることが多い。そこからは点滴で栄養を送るのだが、点滴で同じカロリーを入れても、「腹力」というものがまったく違う。食べもので入ったカロリーはじつに力強いのである。食べられるかどうかということが、人の生きる力にとってきわめて大事なのだ。

絶食して死んだ空海は、いまでも生きていることになっている。高野山《こうやさん》の僧たちはいままでも毎日食事を運んで、まだそこに空海がいるかのように修行している。屏風《びょうぶ》の裏に何があるのかは、食事を運ぶ僧だけが知っている。

なぜこのようなことがあるのかというと、最後に「私は山に帰ろう。そこでずっとお前たちのことを見ているから」といい残したからだという。空海がいまに語りかけることはすごく多い。

空海は三回ほど重篤《じゅうとく》な疾患《しっかん》にかかり、死を思っていた時期があると私は思っている。第一回目は、唐からの帰国後六年がたったとき、京都、高雄山寺《たかおさんじ》（現在の神護寺）で最澄《さいちょう》らに灌頂《かんじょう》をさずける直前であった。灌頂というのは密教の儀式で、法を伝えるときや受戒のときなどに、受けるものの頭に香水をふりかける。

初対面の最澄に向かって、「空海生年四十、期命尽くべし（定められた命もこれまでだ）」と語ったという。

空海には、自らが死ぬことよりも、それによって真言密教の発展が滞《とどこお》ることを案じて、すぐさま対策を講ずる行動パターンが見られる。空海はそのときにはまだ信頼すべき弟子がいなかった。それで、当時の仏教界の第一人者であった最澄に、もっとも大切な密教の法をさずけようとしたのだろう。

死生観が定まったとき

曼荼羅《まんだら》の剥落《はくらく》がひどい。損傷がどんどん進む。ほうっておけない。空海は新たに図絵し、開眼供養《かいげんくよう》する。満濃池《まんのういけ》（現在の香川県にある農業用のため池）の堤防が決壊する。空海は堤防の修理にあたり、人々を安心させる。

こういった活動が積みかさなってか、堤防の修復が完成したあと心身の不調を訴えた。「人は金剛《こんごう》ではない。かげろうのような弱いものだ。もう会えないかもしれない」という、死を予感させる手紙を書いている。これが二回目の死を思った時期であった。

そして三回目。天皇に奉った「疾《やまい》に嬰《かか》って上表して職を辞する奏状」は天長《てんちょう》八年（八三一年）六月十四日づけになっている。

空海は「五月三十日に悪瘡《あくそう》が身体に出て二週間たってもよくなりません。そのためなにとぞ大僧都《だいそうず》の職をお解きいただきたい。さらなるお願いがございます。それは、密教をお捨てにならないようにというお願いでございます」ということを書いている。この奏状のなかに、死を予感させる言葉がある。

悪瘡とは悪性の腫《は》れものである。現代医学では「皮下深部の筋膜炎《きんまくえん》をともなう局所性ブドウ球菌性皮膚感染症」と呼んでいるものであろう。しかも天皇の前に出ることがはばかられるといっているから、悪瘡は顔か頸部《けいぶ》のように外から見えるところにあると推測できる。

このとき空海は少なからず動揺し、死を意識した。この三ヵ月くらいの激しい動揺の期間に、空海は今後の生き方を決めた。死生観が定まったのであろう。

さいわいなことに、三ヵ月半後には活動を再開している。そして翌年の八月の高野山での最初の万灯万華会《まんどうまんげえ》には自ら登山して出席している。

有名な「虚空《こくう》尽き、衆生《しゅじょう》尽き、涅槃《ねはん》尽きなば、我が願いも尽きん」という言葉は、それに際し表明された言葉であろう。その言葉は「この宇宙に存在する一切のものを、心安らかな世界である涅槃に送り届けた暁《あかつき》に、私の願いは終わる」という意味である。空海の死生観はここにもあらわれている。

理想的な死を成就

この悪瘡の影響で、空海は高野山に隠棲《いんせい》する。空海が、朝廷とも近く便利な東寺《とうじ》を離れ、高野山を臨終の地に選んだ理由は謎であるが、高野山全体を、金剛頂経《こんごうちょうぎょう》が説く金剛界曼荼羅そのものとみなしていたのかもしれない。そう考えると空海の行動が理解しやすい。

インド密教やチベット密教でも、完成された金剛界曼荼羅思想があったが、自然そのものを曼荼羅にみたてたのは空海がはじめてではないだろうか。独創による発想である。そして最後の二年間、空海は穀類を断った。承和《じょうわ》二年（八三五年）の正月からは水も断つようになり、三月二十一日入定《にゅうじょう》した。

「吾《わ》れ永く山に帰らん」といい、あたかも眠るがごとく入定したと思われるが、みごとに完壁で理想的な死を成就《じょうじゅ》した。ここで空海の「即身成仏《そくしんじょうぶつ》」が完成したのである。

空海は生命の量ではなく、生命の質（ＱＯＬ＝Quality of Life）を重視したと正木《まさき》はいう（正木晃《あきら》『立派な死』文藝春秋）。胃瘻《いろう》や点滴などに象徴される現代の終末医療のあり方への示《し》唆《さ》に富んでいる。

空海の最後の二年間は、ただ死を迎えようとしていただけではなかった。平安京に向かって朝廷への上奏と弟子への指示をくり返していた。真言宗教団と東寺・高野山の永続化を図るための方策を矢継ぎ早に打っていた。

承和元年（八三四年）には「仏塔を造《つく》り奉る知識の書」による檀越《だんおつ》（信者）への勧進《かんじん》を行っている。そしてわずか二ヵ月あまりで上奏した五つの勅許《ちょっきょ》が得られた。

十二月十九日の宮中真言院における御修法の勅許、十二月二十四日の東寺五十口のうちから三綱を選任する勅許、翌承和二年には、正月二十三日の真言宗年分度者の勅許、二月三十日の金剛峯寺の定額寺認定の勅許などである（武内孝善「最晩年の空海」密教文化216）。

宮中真言院における御修法は、上奏してわずか十日間で勅許が下されている。正月八日から行おうとする新規の修法に対して、年末になって上奏するなど尋常《じんじょう》のさたではない。

日本美術史学者の石田《いしだ》尚豊《ひさとよ》氏は、「ただならぬ気配を感じさせる」と畏怖《いふ》し、「死のわずか三ヵ月前、死期を予測した空海は、もしこの期を逸すならば、生きて後七日御修法を迎えることは永遠にできないし、また己が死ねばこの御修法を実現することすら覚束《おぼつか》ない。そう諦《てい》観《かん》した空海は、何としても年内に勅許を得なければならないという、死に直面しての空海の、この御修法にかけるすさまじいばかりの執念がうかがえる」といっている（『空海の起結――現象学的史学』中央公論美術出版）。

私も同感である。これらの事実も、終末医療に転向した二年間のなかで解決できなかった問題を考えるための、ひとつの糸口と考えている。

延命よりも大事なこと

ＱＯＬは、生命の質、生活の質というような意味である。人生は長さではなく、深さであり、その質が大切だという考えである。がんの終末期だけに特別に使われるわけではないが、残された日数がわかるので、「人生は長さではない」という意味が重みを増し、終末期に使われることが多いことは確かである。

それより以前に、たとえば、「抗がん剤で一年くらい延命できるかもしれない。しかし、抗がん剤には吐き気や脱毛のような副作用もある」というような説明を受けた患者・家族が、「抗がん剤で苦しむことは避けたい。ただ痛みをとるなどの緩和《かんわ》医療はやってほしい」といった場合には、「緩和医療を選択した」と表現する。ＱＯＬを考えて、ベスト・サポーティブ・ケア（Best Supportive Care, BSC）と呼ぶことも多くなってきたのである。

空海の生きた時代では、抗生物質がなかったので悪性の感染症でいのちを落とすケースが多かっただろう。空海はそれをたくさん見ていたのだろう。あるいは、いったん回復しても後遺症で亡くなる人もたくさん見ていたのだろう。だから「この病気は治《なお》らない」と悟ったのだろうと私は推測している。

残された期間も、二年間くらいだろうとわかっていたのではないかと思う。空海は、高野山を金剛界曼荼羅に見立てていた。東寺の別当もやっていたが、便利な京都を離れ、高野山を自分の死に場所と決めたのだろう。

二年前から五穀（米、麦などの五種類の穀物）を断ったのは、身体を浄化《じょうか》させるような修行のひとつだったかもしれない。

空海にとって、穀物を摂《と》ってまで延命することよりも、密教の流布《るふ》のための最後の勅許を得るための活動こそ「生命の質」を高めることだったのだろう。

日本で最初のモラトリアム人間

師とすべきものには二種類あります。ひとつは教えそのもの、もうひとつは人間です。

——空海（宗教家）

真言密教は日本にしかない

空海の人生のなかで「空白」となっている時期に何があったのか。どういうプロセスがあったのかわからないが、大学を中退して、自分の行く道、人々の行く道は仏教にあるという結論をその「空白」期間で得ている。儒教でも道教でもなく、仏教こそが大事だ。『三教指帰《さんごうしいき》』という本を書いて、二十四歳でまた町に出てくる。それから遣唐使船に乗って海を渡る三十一歳までも、また「空白」であった。

空海の乗った船は流され、目的地である長安から遠く離れたところに漂着する。兵士たちに捕らわれるが、誰も自分たちが遣唐使船でやってきた者だと説明できない。それを証明する天皇の文書がその船にはなかったのである。四艘《そう》の船のうち二艘は沈んでいた。

そのとき空海が進みでて、漢字を使って文書を書いてみせた。それには唐を立てながら、遠くの日本という国から来たものであるということが、簡潔かつ見事に書かれていた。「これはただ者ではない」と現地の人も、同乗していた人々も驚いた。上陸を許されたものの、空海だけは長安に行くのを押しとどめられ、この地に残ってみんなに文字を教えてくれ、詩を教えてくれという話になってしまった。

何ヵ月か遅れて空海は長安に着いた。すぐにさまざまな勉強をはじめ、出会ったインド僧からはサンスクリット語を学んでいる。こうした準備期間を経て恵果《けいか》という密教の大御所に会いに行った。会ったとたん、恵果は空海を見抜き、「よし、あとをまかせるのはお前に決めた」となる。

「孤独力」の強いすぐれた者同士の、すごい人間のドラマである。恵果は三ヵ月かけて教えを伝え、すべての仏具を空海に渡してしまう。空海がそれを日本にもち帰ったから、中国では密教は絶えてしまった。

密教は最初インドにあったが、仏具を中国にもってきたことによってインドには密教はなくなった。そして空海が日本にもち帰ったことによって中国にもなくなったのである。

真言密教は日本にしかない。一部がチベットに生きているくらいである。空海は私費で海を渡ったひとりの若い僧にすぎなかったが、そういう歴史の流れのポイントに立つ人となった。

空海のモラトリアム期

日本の律令制は、科挙《かきょ》に合格すれば、その人の身分にかかわらず出世できた中国の律令制とは異なり、身分によって出世は制限されていた。貴族ならば、大学を出なくても高い地位につくこともできた。空海は、このような制度に批判的であったと思われる。空海は大学に進んだものの、退学してしまった。

若者が、将来についての決定を遅らせる現象のことを「モラトリアム」という。執行猶予《ゆうよ》という意味である。大学を中退したあとの、消息のわからない七年間が、典型的なモラトリアム期間であった。その前にもモラトリアム期があった。大学に行くべきか、自由人になるか、その決定に迷った。

空海が十二歳のころ、両親は「いずれは仏門に」と思い、空海自身もまた仏門を志したとしても不思議なことではない。のちに空海の一族から多くの著名な出家者が輩出している。このことからも了解できると思う。

『御遺告《ごゆいごう》』には、空海が十二歳のころ、両親が空海を将来仏弟子にしようと考えていたと記されている。そのとき叔父の阿刀宿禰大足《あとのすくねおおたり》が「たとえ仏弟子になるとしても、まずは大学に入って文章を学ぶにしくはない」と諭《さと》した。

人生の進路の決定を延期するために、叔父や周囲の者にいわれるままに「では、とりあえずは大学に進学しよう」と思った空海の気持ちは容易に想像できる。それを受け入れたのは、モラトリアム期間を手にするためであった。

空海が十二歳の延暦《えんりゃく》四年（七八五年）九月には、桓武《かんむ》天皇の側近藤原種継《ふじわらのたねつぐ》の暗殺事件が起こった。桓武天皇に代わって早良親王《さわらしんのう》を擁立しようとした一種のクーデターである。早良親王は乙訓寺《おとくにでら》に幽閉された。無実を訴えて断食して抗議していたが、淡路に流される際に絶命した。

このような政界の陰湿な策謀を見聞きした十二歳の空海が、大学を出て官界に出ていくことに疑念を抱き、自由な知識人をめざそうと考えたとしても不思議はない。

知識が多いほど迷う

現代のわれわれが進路に迷うように、空海も進路に迷った。選択肢が多く、それらについての知識が多いほど迷うものである。空海は、幼少のときから学ぶ環境には恵まれていた。十歳くらいまでの幼少期に、空海は母の実家である阿刀氏で育てられ、そこで基礎的な学問を身につけていたと思われる。

当時の国分寺には中央から学識ある国師が派遣され、僧尼や少年少女の教育にあたっていた。十五歳で上京し、叔父の阿刀宿禰大足に師事するまでの三年間、讃岐《さぬき》国分寺に足を運んだと推察される。

また阿刀家の本家にあたる石上宅嗣《いそのかみのやかつぐ》は、自宅を寺にして、わが国最初の公開図書館である芸亭院《うんていいん》を開設していた。空海はそこで優《すぐ》れた手本を見て育ったのではないかとも想像できる。宅嗣が亡くなったのは空海八歳のときであるので、幼少期にも影響を受けたこともあるだろう。宅嗣は次の文章を残している。

「内（仏教）と外（儒教）はその根本は同じである。漸進《ぜんしん》さと急進さの違いはあるにしても、うまく導いていけば、その道は異なることはない。私が家を寄付して寺とし、仏教への信仰を深めてから久しくなる。内典（仏教の経典）をより理解しやすくするため、外書（儒教などの他の分野の本）もあわせて置くことにする。

ここは仏教の修行のための寺なので、その修行をさまたげることは何事も禁じ戒《いまし》めるものである。どうか私と同じ志（仏教への信仰）をもってここに来た人たちには、さまざまな考え方の『空か有か』といった瑣末《さまつ》なことを論じて、志を滞らせることなく、自分の欲望を忘れて学問や修行に励み、後進の人たちには世俗の苦労などを超越して悟りの境地を開いてほしいと願うものである」

『続日本紀《しょくにほんぎ》』の「石上宅嗣伝」に記されたところによると、石上宅嗣の人柄は明朗快活で何事にも明るく、立ち居振る舞いもすこぶる立派であった。多くの典籍に精通し、文章をつくることにもたけ、草書、隷書《れいしょ》に巧《たく》みであった。

言葉づかいや容姿に気品があった。心打たれる風景に出会うと、詩賦《しふ》（中国の韻文《いんぶん》）として書きとめるのが常《つね》であった。これらは一般にいわれている空海像と共通するものがある。

空海が晩年に、藤原三守《ふじわらのただもり》の協力によって綜芸種智院《しゅげいしゅちいん》を創設したが、どのような身分の者にも、教育の場所、学ぶ場所が必要だという空海の思いが結実したものだろう。

その根底には、芸亭院のような場があったことによって、自分がここにあるという、自らの育った環境に対する感謝の思いがあったのではないか。

最後に試される孤独力

空海の入定の様子は、すべて心配なことは行動で改善し（現世利益）、身口意《しんくい》の三密によって自己と宇宙との一体化・同化によって死を受容していった「即身成仏」の完璧な事例であった。

多くの空海論を現代的に応用して活《い》かしたい。私の場合では、「終末期医療であらためて即身成仏を考えていきたい」ということである。

入定とは、定（瞑想《めいそう》）に入ることを意味している。この言葉には生と死が連続しているような響きがあり、いかにも空海らしいと正木はいう（正木晃『立派な死』）。

生と死の連続といえば、空海論の多くが、「生生生生暗生始　死死死死冥死終」（『秘蔵宝鑰《ひぞうほうやく》巻上』）を引用する。これは、

三界の狂人は狂せることを知らず
四生の盲者は盲なることを識《し》らず
生まれ生まれ生まれ生まれて生の始めに暗く
死に死に死に死んで死の終りに冥《くら》し

のような流れの中で述べられているが、迷えるすべての者は永劫《えいごう》に輪廻転生《りんねてんしょう》してやまないという嘆きである。衆生の多くが即身成仏とはほど遠い姿で生まれ、またほど遠い姿で死んでいくことを客観的に表現したものであろう。

空海は別に、『教王経開題《きょうおうきょうかいだい》』のなかでは、「それ生はわが願いにあらざれども、無明の父、我を生ず。死は我が欲するにあらざれども因業《いんごう》の鬼、我を殺す」と述べる。

これは「根源的無知を父として、私は生を受けたのである。ましてや、死はわたしの望むところではないけれども、（死の報いをもたらす）原因と行為という無情の鬼がやって来て、

私を殺す」という意味である。

また空海は別に、『理趣経開題《りしゅきょうかいだい》』のなかでは、「父父母母、更に生じ更に死して、河水の相続するが如《ごと》し。子々孫々に乍《たちま》ちに顕《あらわ》れて、乍ちに隠れて、空の雲の生滅するが如し」と述べている。これもまた、生死の輪廻を河の水に喩《たと》え、それは子々孫々に亘《わた》ってくり返すのを雲が生じたり消えたりするのと同じだといっている。

いずれも、永遠の深い嘆きの響きをもった文言である（空海『秘蔵宝鑰』宮坂宥勝《みやさかゆうしょう》・監修「空海コレクション1」ちくま学芸文庫）。

宮坂宥勝氏は、空海にとっては即身成仏に至る道筋は明快に見えても、自分の心の奥底を見つめるときに、不分明な時間ばかりが横たわり、何も見えない、即身成仏への道の遠さを感じた。空海自身の嘆きであり、苦悩なのだろうと共感する（宮坂宥勝『空海　死の喜び』大和出版）。

しかし、やはり空海は、自らの死を完璧にプロデュースしたのだと私は思う。

現代のわれわれにとっては、とくに終末期医療は受け身的であり、自らプロデュースできるものではない。最後に、孤独力が試され、その際の目標が、密教では即身成仏というのだろう。

生と死は連動している

稲妻が一瞬光って消えるように、ひとりで生まれ、ひとりで死んでいくのです。
——空海（宗教家）

死後よりも現世

生きることとは何か？　死ぬこととは何か？　人が死んだらどうなるか？　死んだらどこにいくのか？　死後や死者をどうとらえるか？　こういった疑問に答えるものが死生観である。密教は、日本に伝来した諸宗派のなかでも異彩を放っている。

六世紀の仏教伝来以来、さまざまな宗派が生じてきたが、それらは仏教の終末論である末《まっ》法《ぽう》思想を背景に、この世を苦しみに満ちた世界と見ている。その結果、死後に安楽な世界を望んだり（極楽往生《ごくらくおうじょう》）、次の世でＱＯＬを高めるために善を行いつづけ（善根功徳《ぜんこんくどく》）、人のために生き（利他の精神）、徳目をそなえる努力を行う生き方（六波羅蜜《ろくはらみつ》）を推奨した。

これに対して、密教では死後よりも現時点の生に重きを置く。真言密教では、当事者の現時点での関心事を支援し（現生利益《げんぜりやく》）、この身このままが全能になる（即身成仏）ことをめざした。どこかに行って幸せになるのではない。この世が浄土でなければならない（密厳国《みつごんこく》土《ど》）という考えである。

すべてに共通している人間理解は、「生きとし生けるものすべて、全能の仏になる可能性を秘めている」という「一切衆生悉有仏性《いっさいしゅじょうしつうぶっしょう》」の見方である。

死や死後のことよりも、いまという時点に重きを置く密教には、以前にあった原因によって結果が起こる因果応報や、前世の行いの集積である善業悪業によって、個人個人でチャンスが異なるという考え方はない。

密教には、物も植物も人も、それぞれが自立しているにもかかわらず、同時に包括的なつながりのある世界を有するという考えがある。

空海はこのような関係性を「重重帝網《じゅうじゅうたいもう》」といった。網の結び目が重なりあうという意味である。

「即身成仏」に到達

仏教の目的は、苦しみからの解脱《げだつ》である。苦しみは煩悩《ぼんのう》を原動力としている。恐怖心や愚《おろ》かさと連動すると、事実を事実として受容できなくなり、臨死状況でも苦しむことになる。

終末期医療の問題もそこにある。

生老病死は誰にとっても苦である。苦ではあるが、仏の智恵を得た人にとっては、乗り越えられるものなのだ。死も事実そのものとして受容し解脱していく。

密教における解脱は、身口意の三密によって自己と宇宙とを一体化し同化していく。それによって到達するのが「即身成仏」である。

即身成仏はインドの金剛頂経に見られる概念である。「この世において」「瞬時に」仏の境地を得ることである。これは大乗《だいじょう》仏教の「六波羅蜜」や「三劫《さんごう》成仏」と対立的な概念である。帰朝して間もないころの空海は、即身成仏をこのような「速時成仏」と理解して、また実際にそのような説明をしている。

空海は考えを深めていった。衆生が仏と本質的に異ならないことを証明する、新たな理論体系が必要であった。その結果、到達したのが『即身成仏義』である。そのなかに次の意味の詩句がある。

六大は、永遠に結びつき溶け合っている
四つの曼荼羅は、真実相をあらわし離れない
三密が応じあい、速やかに悟りの世界が現われる
あらゆる身体が、珠さながら照り合うのを即身という

あるがままに仏の姿をして、悟りの智恵をそなえている
人々すべてに、心の主体と作用がそなわっている
心の主体と作用に、五つの智恵と際限ない知恵がある
その知恵をもって、すべてを鏡のように照らすとき
真理に目覚めた智者（仏＝ブッダ）となる

『即身成仏義』には「六大」と「四曼」という新しい座標軸が加わっている。「本体＝六大」「様相＝四曼」「作用＝三密」という三種の違った次元でとらえることによって、聖なるものと俗なるものの直接的なかかわりを論証しようとした。

むずかしい話である。空海の入定は、これらのむずかしい哲学が誰の目にもわかるように示されていた。すべての心配なことは行動で改善した。身口意の三密で自己と宇宙を同化して死を受容した。そして入定した。即身成仏の完璧な事例だと思う。

前にも述べたように、入定とは、定（瞑想）に入るという意味であり、生と死が連続しているような響きがある。

生と死の連続というと、私は次の空海の言葉をどうしても連想する。『秘蔵宝鑰　巻上』にある言葉だ。

くり返しになるが、私はやはりこの言葉を書かないでは、この本の文章を閉じることができない。

生まれ生まれ生まれ生まれて生の始めに暗く（生生生生暗生始）
死に死に死に死んで死の終りに冥し（死死死死冥死終）

私は、こうしたことがわかるにつれ、なんとかして即身成仏を終末期医療のなかに取り組んでいきたいと願ったのである。

これは今後につながる、私の大きなテーマとなっている。

著者略歴

一九五二年、山梨県に生まれる。聖路加国際病院精神腫瘍科部長、聖路加看護大学臨床教授。一九七七年、慶應義塾大学医学部卒業後、同大学精神神経科に入局。一九九〇年より二年間、米国カリフォルニア大学ロスアンゼルス校精神科へ留学。一九九三年に東海大学医学部講師、二〇〇三年より同大学医学部教授を経て、二〇一〇年より現職。

著書には『人生の整理術』『老いを愉しむ習慣術』（以上、朝日新書）、『打たれ強い人になる』（中公新書ラクレ）、『精神科医が教える心の疲れがたまったときに読む本』（だいわ文庫）、『人間、60歳からが一番おもしろい！』（知的生きかた文庫）、『苦悩力』（さくら舎）などがある。

50歳《さい》からは「孤独力《こどくりょく》」！
——精神科医《せいしんかい》が明《あ》かす追《お》いこまれない生《い》き方《かた》

二〇一三年二月七日　第一刷発行
二〇一五年七月二二日　第八刷発行

著者　保坂《ほさか》　隆《たかし》
発行者　古屋信吾
発行所　株式会社さくら舎　http://www.sakurasha.com
東京都千代田区富士見一-二-一一　〒一〇二-〇〇七一
電話　営業　〇三-五二一一-六五三三　ＦＡＸ　〇三-五二一一-六四八一
編集　〇三-五二一一-六四八〇
振替　〇〇一九〇-八-四〇二〇六〇
装丁　石間　淳
装画　©Corbis/amanaimages (The Face of Peace by Pablo Picasso)
印刷・製本　中央精版印刷株式会社

ISBN978-4-906732-30-2